AF549520

Meer

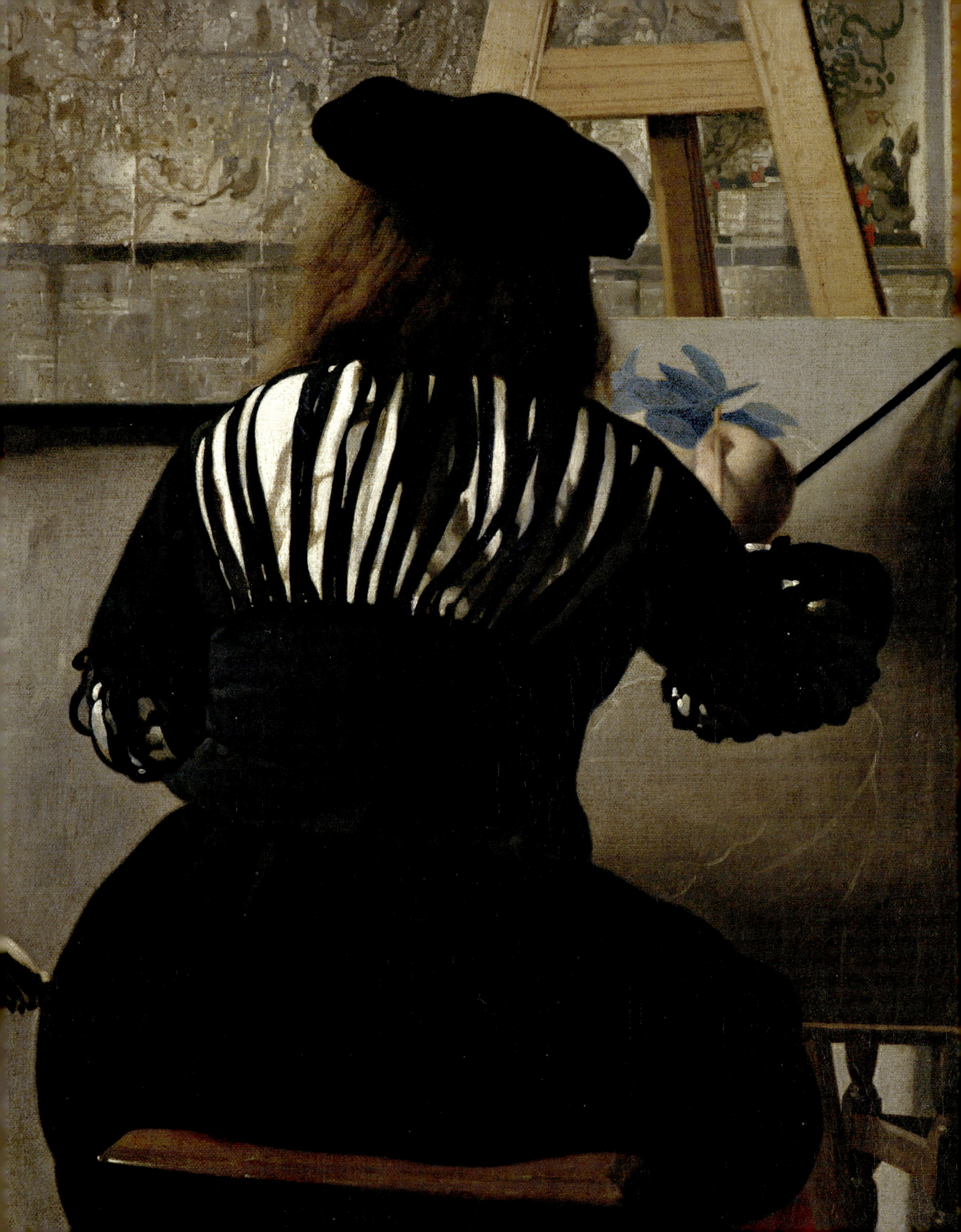

Norbert Schneider

Johannes Vermeer

1632–1675

Verhüllung der Gefühle

TASCHEN

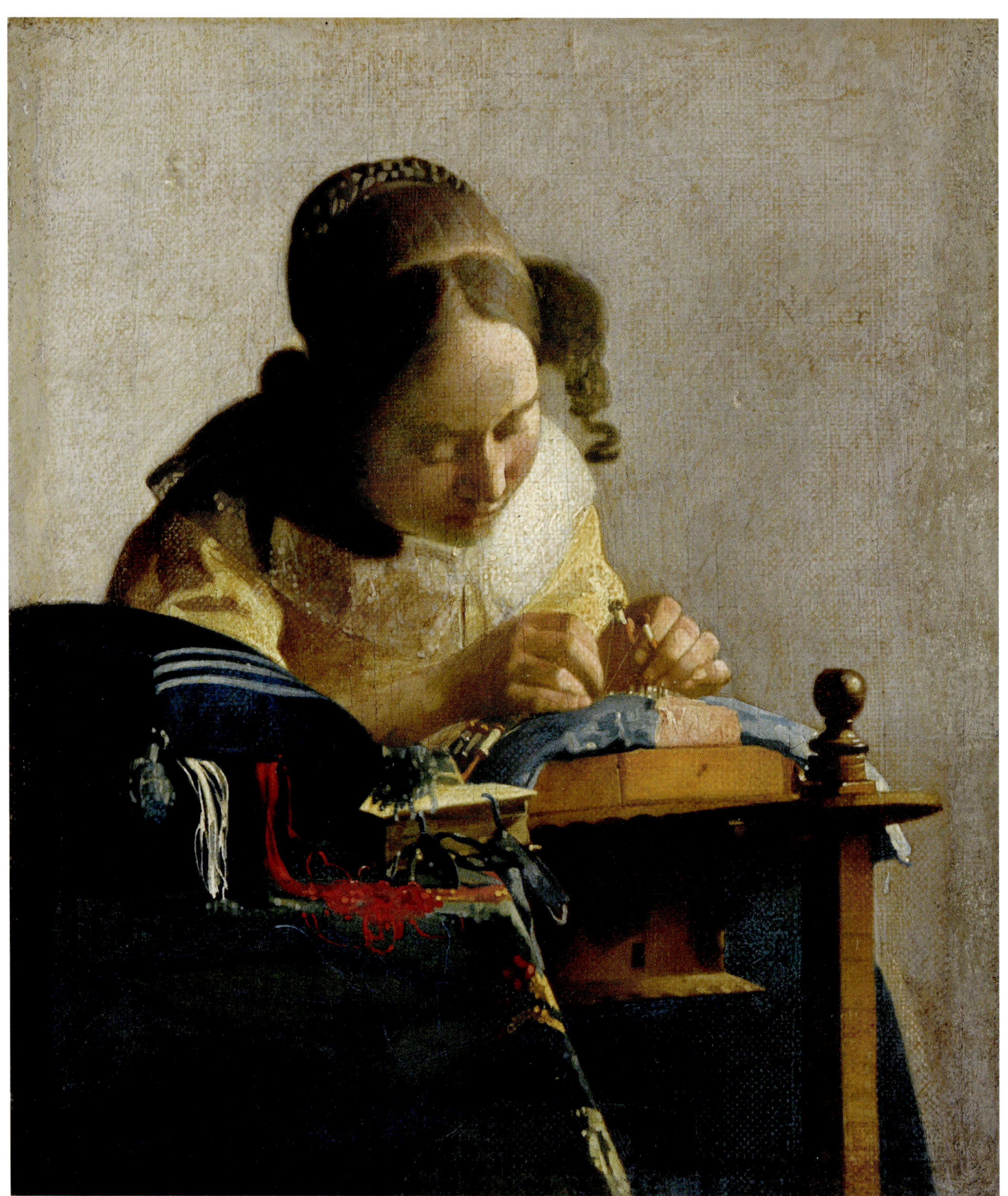

Inhalt

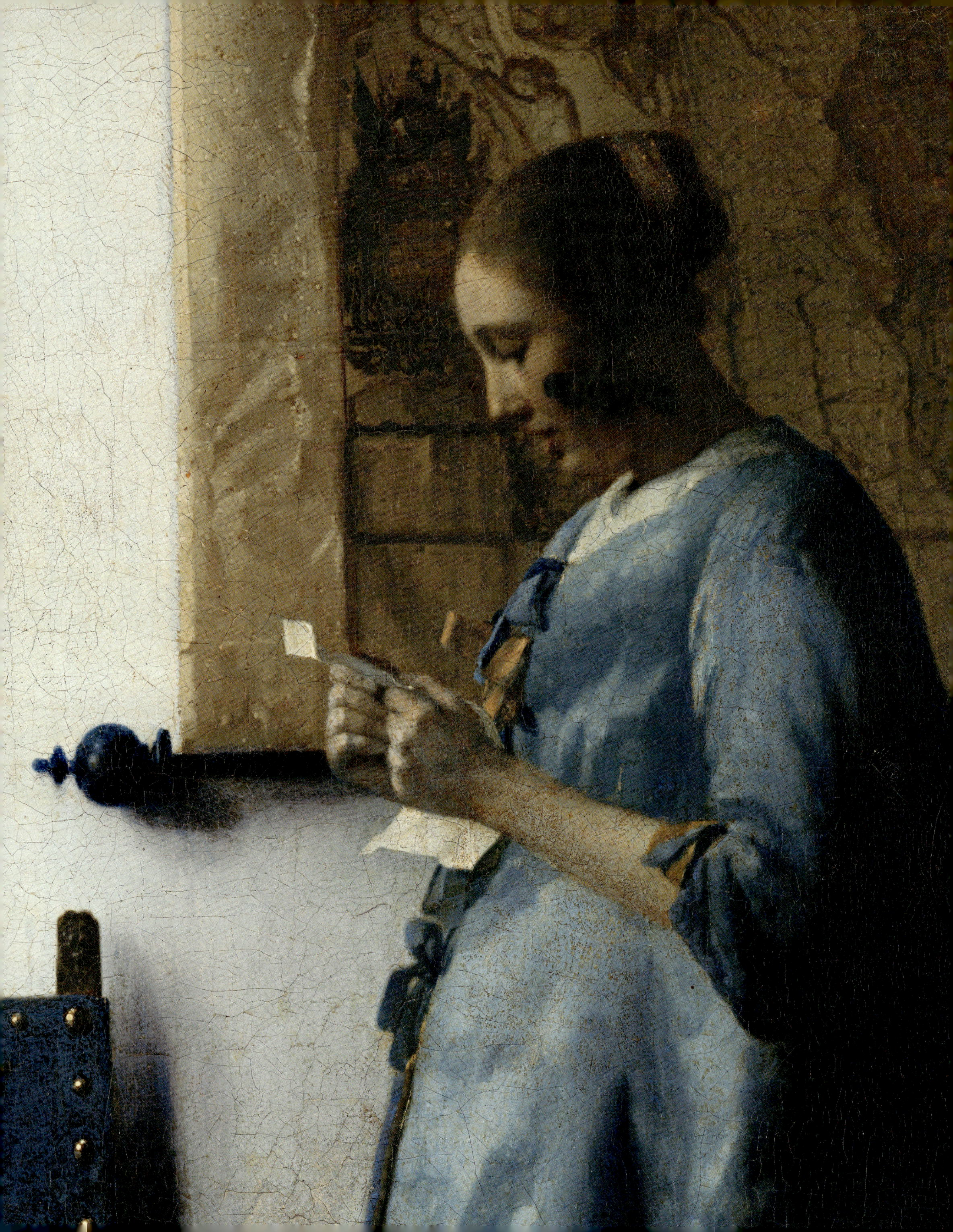

Das Rätsel von Delft

Vermeers Leben

Über Vermeers Leben wissen wir nur wenig. Überliefert ist, dass er in Delft als zweites Kind und einziger Sohn des Reynier Jansz. Vos alias Vermeer am 31. Oktober 1632 getauft wurde. Der Vater, um 1591 geboren, stammte aus Antwerpen. 1611 ging er nach Amsterdam, um sich dort auf die Seidenweberei zu spezialisieren. Mit seiner Frau Digna Baltens, die er 1615 heiratete, ließ er sich wenig später in Delft nieder, damals noch unter dem Namen „Vos". Er pachtete dort für die Zeit von 1625–1629 einen Gasthof, dessen Aushängeschild unter Anspielung auf seinen Namen ein Fuchs war. Die Caffaweberei behielt er bei; als offiziellen Beruf gab er jedoch bei seinem Eintritt in die Delfter St.-Lukas-Gilde, der im Oktober 1631 erfolgte, „Konstverkoper" (Kunsthändler) an. Er betätigte sich also gleichzeitig in verschiedenen Berufssparten.

John Michael Montias hat herausgefunden, dass Vermeers Großvater mütterlicherseits, Balthasar Claesz. Gerrits, ein Uhrmacher, in dubiose Geschäfte verwickelt war: Ab 1619 ließen er und seine Komplizen mithilfe gekaufter Matrizen falsche Münzen prägen. Daraus entwickelte sich eine Affäre von solchen Ausmaßen, dass sich damit die Generalstaaten und der Statthalter Prinz Maurits befassen mussten. Zwei von Gerrits' Helfershelfern wurden zum Tode verurteilt und enthauptet. Gerrits selbst gelang es, sich nach Den Haag und schließlich nach Gorinchem abzusetzen, wo er anscheinend unbehelligt weiterlebte.[1]

1641 erwarb Vermeers Vater, der, wie man aus einem Registereintrag der Nieuwe Kerk schließen kann, bereits um 1625 den Namen „Vermeer" trug, an der Nordseite des Marktveldes in Delft, in guter Ortslage, für 2700 Gulden (nicht gerechnet die Hypotheken und hohen Zinsbelastungen) das Gasthaus „Mechelen", das aus dem 16. Jahrhundert stammte und mit seinen sieben Kaminen eine luxuriös ausgestattete Herberge war. Zur Kundschaft Reyniers gehörte das vornehme und begüterte Delfter Bürgertum. Diese Sozialkontakte dürften auch für Vermeer prägend gewesen sein.

Aus einem Dokument des Jahres 1640 ist bekannt, dass Reynier Beziehungen zu Künstlern wie Balthasar van der Ast (1593–1657), dem schon damals berühmten Maler von Blumenstillleben, Pieter Steenwijck (um 1615–nach 1656) und Pieter Anthonisz. van Groenewegen (1590/1600–1658) hatte. Vielleicht hat der junge Vermeer von dieser Seite erste künstlerische Impulse erhalten. Über seine Ausbildung als Maler ist nichts überliefert. Wir wissen lediglich, dass er

Detail aus ***Briefleserin in Blau*** (Abb. S. 52)

Wegen der vermeintlichen Schwangerschaft wurde die *Briefleserin* in der älteren Vermeer-Literatur mit der Frau des Künstlers identifiziert, von der man weiß, dass sie 15 Kinder gebar. Zur Erhellung des Bildsinns trägt eine solche vordergründige, zudem gänzlich ungesicherte biografische Konkretisierung nichts bei. Die Dargestellte trägt einen krinolinenartigen Reifrock. Diese glockenartige Kleidung war damals Mode, sie wurde „Tugendwächter" genannt.

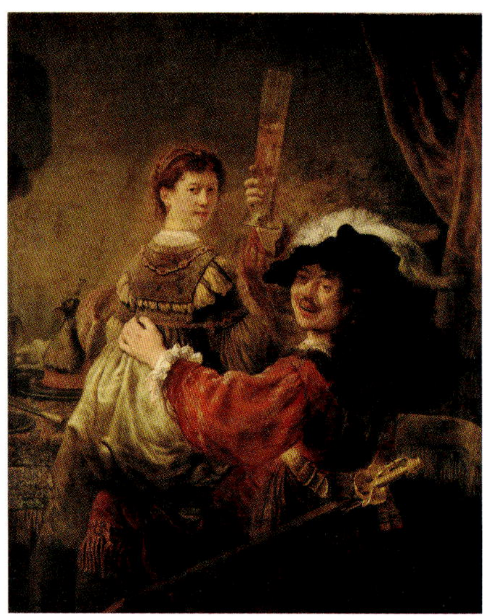

Rembrandt Harmensz. van Rijn
Rembrandt mit Saskia im Gleichnis vom verlorenen Sohn, um 1636
Öl auf Leinwand, 161 x 131 cm
Dresden, Staatliche Kunstsammlungen, Gemäldegalerie Alte Meister

Carel Fabritius
Junger Mann mit Pelzkappe (Selbstbildnis), 1654
Öl auf Leinwand, 70,5 x 61,5 cm
London, The National Gallery

Carel Fabritius, der in den 1640er-Jahren bei Rembrandt lernte und 1650 nach Delft übersiedelte, hatte großen Einfluss auf Vermeers Werk. Bei der Explosion des Delfter Pulvermagazins 1654 kam er ums Leben. In einem Nachruf auf Fabritius wird Vermeer als sein Nachfolger bezeichnet: „So erlosch denn dieser Phönix (Carel Fabritius) zu unserem Schaden/ Inmitten seines Ruhmes schied er aus dem Leben./ Doch glücklich aus der Asche durfte sich erheben,/Vermeer als Meister folgend auf denselben Pfaden."

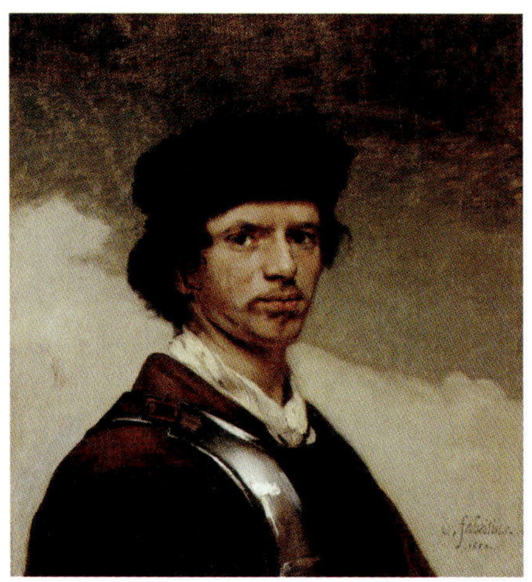

am 29. Dezember 1653 als Freimeister in die Delfter St. Lukasgilde aufgenommen wurde, in der Maler aller Genres, Glasmacher und -verkäufer, Fayencenhersteller, Stickereienhersteller und Kunsthändler, ursprünglich auch (bis 1620) Teppichweber organisiert waren.

Eine wichtige Voraussetzung für die Aufnahme war nach den Statuten eine sechsjährige Lehrzeit bei einem von der Gilde anerkannten Maler. Man hat vermutet, dies könne Leonaert Bramer (1596–1674) gewesen sein, aber die stilistischen Unterschiede zwischen diesem Künstler, der 1614 nach Italien ging und 1624 in seine Heimatstadt Delft zurückkehrte, und Vermeer sind doch so groß, dass die Hypothese des Lehrer-Schüler-Verhältnisses wenig Zustimmung gefunden hat.

Alternativ dazu ist angenommen worden, Vermeer könne bei Carel Fabritius (1622–1654) gelernt haben (Abb. S. 8 u. 10), der 1643 im Amsterdamer Atelier Rembrandts ausgebildet worden war. 1650 wurde Fabritius Bürger der Stadt Delft, 1652 trat er in die dortige St. Lukasgilde ein. Bei der Explosion des Delfter Pulvermagazins, bei der große Teile der Stadt zerstört wurden, kam er ums Leben. In Dirck van Bleyswycks *Beschreibung der Stadt Delft* (*Beschrijvinge der Stadt Delft*) von 1667 wird Vermeer in einem Vierzeiler von Arnold Bon als „meisterlicher" Nachfolger des „Phönix" Fabritius gerühmt. Auch wenn man diese toposhafte Äußerung nicht überbewerten darf, so belegt sie doch, dass Vermeer zu seiner Zeit keineswegs geringgeschätzt wurde.

Am 20. April 1653 heiratet Vermeer in dem nahe bei Delft gelegenen kleinen Ort Schipluy Catharina Bolnes (um 1631–1688), die Tochter von Maria Thins (um 1593–1680), die sich dieser Eheschließung zunächst widersetzte. Vielleicht erschien ihr, die in guten wirtschaftlichen Verhältnissen lebte, angesichts der in dieser Zeit sich abzeichnenden Verschuldung von Vermeers Vater die materielle Basis der Ehe nicht hinreichend gesichert. Möglich ist aber auch, dass es zunächst wegen der Konfessionszugehörigkeit Differenzen gab: Vermeer war Calvinist, Catharina Bolnes Katholikin. Der Fürsprache Leonaert Bramers, der ebenfalls Katholik war, war es zu verdanken, dass Maria Thins ihre Vorbehalte schließlich aufgab. Dass Vermeer Maria Thins durch einen Übertritt zum Katholizismus sich gewogen gestimmt hat, wie immer wieder behauptet wurde, ist nicht dokumentiert.

Das Brautpaar lebte zunächst im „Mechelen", zog aber 1660 in den Haushalt der Schwiegermutter am Oude Langendijk im sogenannten Papistenviertel um, in dem auch eine Kreuzesmission der Jesuiten lag. Zu dieser Zeit scheint Vermeer in relativ guten Verhältnissen gelebt zu haben, denn er konnte seine wachsende Kinderschar – Catharina gebar 15 Kinder, von denen vier bereits sehr jung starben – ohne Schwierigkeiten ernähren. Aus den Einkünften seiner Malerei – er schuf jährlich im Durchschnitt kaum mehr als zwei Bilder – hätte er schwerlich diese hohen Lebenshaltungskosten bestreiten können. Ob Vermeer das „Mechelen" als Gastwirt noch weitergeführt hat, ist nicht verbürgt. Eine solche Nebentätigkeit war bei niederländischen Malern des 17. Jahrhunderts keine Seltenheit, wie am Beispiel Jan Steens (1626–1679) zu ersehen, der 1654 die Delfter Brauerei „de Slange" pachtete (vgl. Abb. S. 9).

Es dürfte aber sicher sein, dass sich Vermeer wie sein Vater als Kunsthändler betätigt hat. Mit dem Verkauf fremder Gemälde wird er entschieden mehr verdient haben als mit dem seiner eigenen Bilder. Dennoch unterzeichnete er amtliche Dokumente stets mit der Berufsbezeichnung „Maler", die seiner offiziellen Registrierung in der Lukasgilde entsprach, in der er zweimal das Amt des Vorstehers („Hooftman") versah (1662/63 und 1670/71).

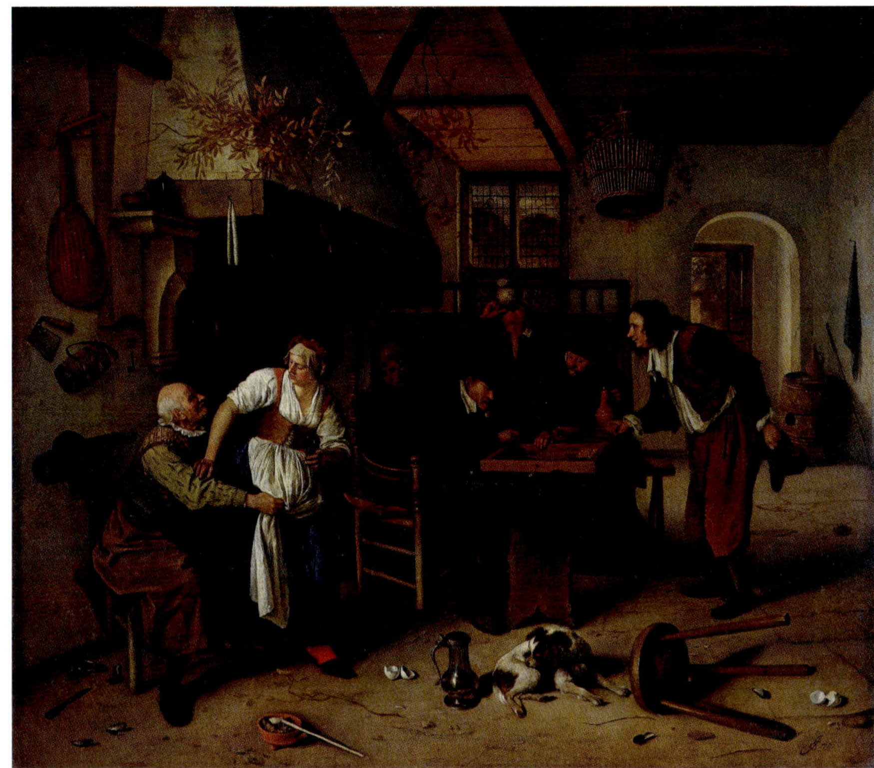

Jan Steen
In der Schenke, 1660–79
Öl auf Leinwand, 63 x 69,5 cm
Amsterdam, Rijksmuseum

Vermeer wurde 1653 als Freimeister in die Delfter St. Lukasgilde aufgenommen. Neben dem Malerberuf übte er auch den eines Kunsthändlers aus. Vermutlich übernahm er nach dem Tod seines Vaters dessen Gasthof, das „Mechelen". Ein anderer zeitweilig in Delft tätiger Künstler, Jan Steen, der dort 1654 eine Brauerei pachtete, hat zahlreiche Wirtshausszenen gemalt. Die von ihm dargestellten Situationen geben die Realität in den Handlungsmotiven jedoch nicht verlässlich wieder, sondern sind satirisch, als Lasterkritik, gemeint.

Das Verhältnis Vermeers zu Maria Thins hatte sich, wie aus der Aufnahme seiner Familie in ihren Haushalt deutlich wird, erkennbar verbessert. Maria Thins, die sich von ihrem Gatten Reynier Bolnes, dem Besitzer einer Backsteinfabrik, getrennt hatte, verfügte über ein beträchtliches Einkommen aus Immobilien, Wertanlagen und Guthaben, als Erbin ihrer Schwester Cornelia ab 1661 wurde sie auch Eigentümerin von Bauernhöfen, darunter einem bei Schoonhoven („Bon Repas"), den sie verpachtete. Wie vermögend Maria Thins war, geht aus dem im Februar 1676 notariell erstellten Inventar ihres Hauses hervor, das eine umfangreiche Liste der Möbel, Kleider und Haushaltsgeräte enthält und elf Räume, dazu Keller und Speicher, nennt. Vermeers Familie wohnte in den unteren Zimmern, im oberen Stockwerk hatte der Künstler sein Atelier mit zwei Staffeleien und drei Paletten. Der schwere Eichentisch, der auf mehreren Bildern Vermeers erscheint, stand dort ebenso wie die gleichfalls häufig wiedergegebenen lederbespannten Stühle.

Maria Thins besaß eine Reihe von Gemälden, die Vermeer auf seinen Bildern als anspielungsreiche „Claves interpretandi" verwendet hat, darunter einen *Christus am Kreuz*, der wohl mit dem Hintergrundbild auf der *Allegorie des Glaubens* (Abb. S. 80) identisch ist, oder Dirck van Baburens *Kupplerin* (Abb. S. 22 unten). Kleidungsstücke wie die gelbe, hermelinverbrämte Satinjacke seiner Frau hat Vermeer ebenfalls als motivisches Requisit seiner Gemälde benutzt, teilweise in farblicher Abänderung, wie er denn überhaupt die als Versatzstücke dienenden Realien des Haushalts, dem jeweiligen Bildzweck entsprechend, in etwas abgewandelter Form wiederzugeben pflegte.

Vermeer hat wahrscheinlich nur wenig für den offenen Kunstmarkt gemalt, dagegen das meiste für Förderer und Mäzene, die seine Kunst besonders schätzten. Daraus mag sich der geringe Umfang seiner künstlerischen Produktion erklären. Einer seiner Gönner war Hendrick van Buyten, ein Bäcker, der wohl mit jenem identisch ist, den der französische Aristokrat Balthasar de Monconys (1611–1655) 1663 bei einem Aufenthalt in Delft aufgesucht hatte. In dessen Tagebuch findet sich die Notiz: „In Delft sah ich den Maler Vermeer, der keines seiner Werke zur Hand hatte, aber wir sahen eines bei einem Bäcker, für das man sechshundert *livres* bezahlt hatte, auf dem nur eine Figur ist, ich glaube, ich hätte mit sechs *pistoles* dafür genug bezahlt." (Eine *pistole* entsprach zehn Gulden).

Der andere Förderer Vermeers war der Delfter Druckereibesitzer Jacob Abrahamsz. Dissius (1653–1695), der in der Nähe seiner Wohnung am Marktveld wohnte. In dem 1682 verfassten Inventar seines Besitzes werden 19 Gemälde Vermeers erwähnt. Es ist nahezu sicher, dass der größere Teil der 1696 in Amsterdam bei dem Händler Gerard Houet versteigerten 21 Bilder Vermeers mit denjenigen identisch war, die Dissius gehört hatten.

Dass Vermeer auch als Kunstexperte einen Ruf genoss, verdeutlicht der damals als ehrenvoll geltende Auftrag, die Echtheit einer Sammlung venezianischer und römischer Bilder zu begutachten, die der Kunsthändler Gerrit Uylenburgh (um 1625–1679) dem Großen Kurfürsten von Brandenburg, Friedrich Wilhelm, für 30 000 Gulden verkauft hatte. Dieser wies die Werke als „linkische und gepfuschte Kopien" zurück. Zusammen mit dem ebenfalls aus Delft stammenden Künstlerkollegen Hans Jordaens IV. (1616–1680) reiste Vermeer 1672 nach Den Haag, wo er vor einem Notar die Zuschreibung der Werke an Raffael oder Michelangelo bestritt und erklärte, sie seien höchstens ein Zehntel des von Uylenburgh angesetzten Preises wert.

Die letzten Jahre Vermeers waren von einer dramatischen Verschlechterung seiner wirtschaftlichen Lage überschattet. Er machte Schulden und musste Darlehen aufnehmen. Am 5. Juli 1675 reiste er nach Amsterdam, um sich dort einen Kredit von 1000 Gulden zu besorgen. Der Niederländisch-Französische Krieg seit 1672, in dem die französischen Truppen rasch bis in den nördlichen Teil der Vereinigten Provinzen vordrangen, wirkte sich auch für Vermeer ruinierend aus. Mit der Öffnung der Deiche als letztem Verteidigungsmittel gegen die französischen Heere wurden riesige Landstriche unter Wasser gesetzt, darunter auch die von Maria Thins verpachteten Ländereien bei Schoonhoven. Die Folge war, dass die Pachtzahlungen ausblieben, die bis dahin auch für Vermeers Familie eine regelmäßig fließende Einkommensquelle darstellten. Seit dem „rampjaar", dem Katastrophenjahr 1672, konnte Vermeer keine Bilder mehr absetzen, wie seine Frau später unter Hinweis auf den zerstörerischen Krieg mit Frankreich erklärte: „Daher verfügte er, belastet durch die große Zahl seiner Kinder, über keinerlei eigene Mittel und verfiel in solche Verzweiflung, die er sich so zu Herzen nahm, dass er wie in Raserei verfiel und innerhalb eines oder eineinhalb Tage von völliger Gesundheit zu Tode kam."

Vermeer wurde am 15. Dezember 1675 in der Oude Kerk zu Delft im Familiengrab beigesetzt. Er hinterliess elf minderjährige Kinder, von denen wohl noch acht im Hause lebten. Catharina Bolnes konnte ihre Gläubiger kaum noch bezahlen. Sie sah sich daher genötigt, vor dem Hohen Gerichtshof in Den Haag die Verwaltung ihrer Güter zu beantragen. Sie verzichtete auf ihr Erbrecht und trat es an die Gläubiger ab. Als Verwalter der Güter wurde Antoni van Leeuwenhoek (1632–1723) bestellt (Abb. S. 77), der im Hauptberuf Tuchhändler in Delft war und schon zu dieser Zeit wegen seiner Erfindungen und Entdeckungen auf dem Gebiet der Mikroskopie international hohes Ansehen genoss: 1680 war er offizielles Mitglied der Royal Society in London geworden.

Registerbuch der Lukasgilde in Delft, um 1675
Den Haag, Koninklijke Bibliotheek, 75 C 6 II, fol. 2v

Zu den wenigen Dokumenten, die Aufschluss über Vermeers Leben geben, gehört das Registerbuch der Lukasgilde. Unter der Nummer 78 ist Vermeers Name zu erkennen, unter 75 der seines zeitweilig vermuteten Lehrers Carel Fabritius.

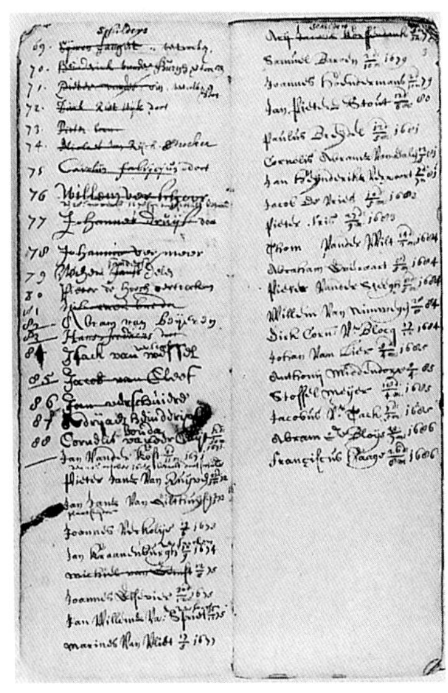

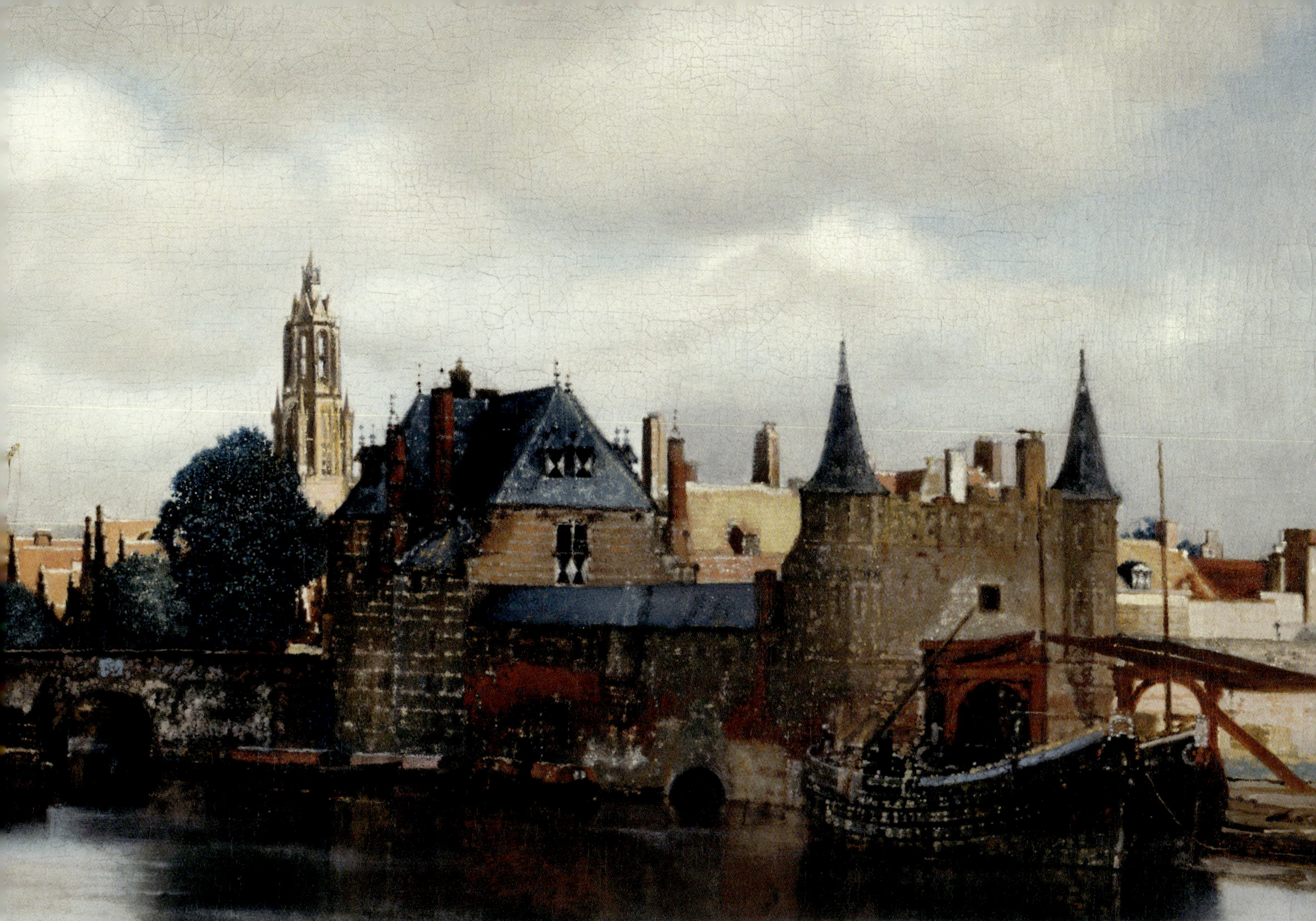

Detail aus ***Ansicht von Delft*** (Abb. S. 16/17)

Die vorderen Gebäude, wie das Schiedamer Tor, liegen im Schatten, während die hinteren Gebäude, wie der aufragende Kirchturm der Nieuwe Kerk, hell aufleuchten.

Catharina Bolnes besaß zu dieser Zeit von Werken ihres Mannes lediglich noch die sogenannte *Schilderconst* (*Die Malkunst*, Abb. S. 85) und *Junge Dame mit Perlenhalsband* (Abb. S. 59). Das Werk *Die Malkunst* übertrug sie am 24. Februar 1676 zur Schuldentilgung ihrer Mutter Maria Thins. Die meisten anderen Bilder befanden sich damals im Besitz des Druckers Jacob Dissius, der im Oktober 1695 starb. Ein halbes Jahr nach dessen Tod wurde in Amsterdam die Auktion von 21 Werken Vermeers angekündigt.

Der Auktionskatalog von 1696, in dem auch Bilder anderer Künstler angeführt werden (insgesamt wurden 134 Werke versteigert), ist äusserst aufschlussreich für die damalige Wertschätzung Vermeers. Es fällt auf, dass die Preise im Vergleich zum damals üblichen Marktwert keineswegs niedrig angesetzt wurden. So wurde die heute in Washington befindliche Werk *Frau mit Waage* (Abb. S. 61) unter Nr. 1 mit 150 Gulden beziffert („mit Kunstfertigkeit und großer Eindringlichkeit gemalt"). Besonders hoch war der Auktionspreis für die *Ansicht von Delft* (Abb. S. 16/17; Nr. 31) mit 200 Gulden (zum Vergleich: Isaak van Ostade lieferte im Jahre 1641 einem Kunsthändler für 27 Gulden 13 Bilder, Jan Steen erhielt einmal für drei Porträts dieselbe Summe). Vermeer lag, während seiner besten Zeiten, im Preisgefüge des Delfter Kunstmarkts eindeutig an der Spitze; er soll sogar einmal im Jahr 1663 oder kurz davor 600 Gulden für ein Gemälde mit nur einer Figur erhalten haben.

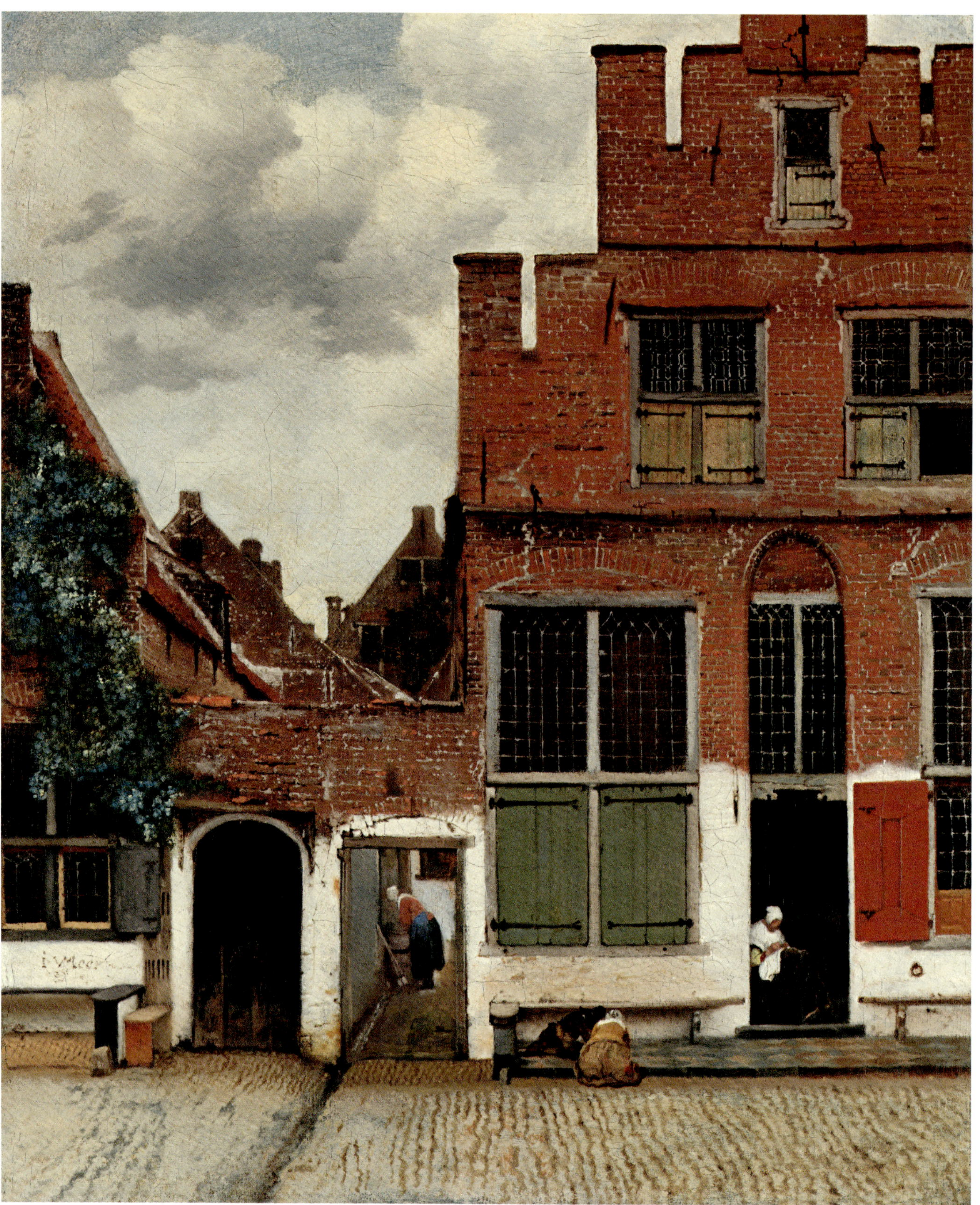
i VMeer

Ansichten von Delft

Stadt und Straße

Zweimal hat Vermeer Motive seiner Heimatstadt Delft gemalt, auf dem kleinen, Gemälde, das allgemein als *Het Straatje* (*Die kleine Straße*) bezeichnet wird (Abb. S. 12), und der in den Abmessungen beträchtlich größeren *Ansicht von Delft* (Abb. S. 16/17). Stadtansichten wurden in Holland zunächst selten für den offenen Markt gemalt, meist gingen solche Bilder auf öffentliche oder private Aufträge zurück. Die Preise, die dafür gezahlt wurden, lagen oft weit über den für nicht auftragsgebundene Landschaften. So erhielt beispielsweise Jan van Goyen 1651 von den Stadtvätern für seine Ansicht von Den Haag 650 Gulden. Der Durchschnittspreis für übliche Landschaften lag in Delft nach den Forschungen von J. M. Montias bei durchschnittlich 16,6 Gulden.[2] Im Verkaufskatalog der Bilder aus Vermeers Nachlass vom 16. Mai 1696 wird unter Nr. 32 bei der „Perspektivansicht" der Stadt Delft eine Summe von 200 Gulden angesetzt, also ein vergleichsweise hoher Preis. Man geht davon aus, dass Vermeer die *Ansicht von Delft* unter Zuhilfenahme einer Camera obscura gestaltete (vgl. Abb. S. 16), wobei er, wie man anhand des in Willem Blaeus Atlas von 1649 enthaltenen Plans von Delft hat rekonstruieren können, von dem höheren Geschoss eines Hauses die topografische Situation aufnahm. Dass sein Augenpunkt relativ hoch lag, geht aus der Draufsicht hervor, in der die Personengruppen am Ufer der Schie gesehen sind. Die Komposition mit dem vorn leicht diagonal angeschnittenen Uferstreifen orientiert sich an einem Darstellungstyp, wie er bereits früh auf Esaias van de Veldes (1587–1630) *Ansicht von Zierikzee* von 1618 begegnet. Das dreieckige Ufersegment im Bildvordergrund hatte Pieter Bruegel d. Ä. (1525–1569) in die niederländische Landschaftsmalerei eingeführt.

Vermeer bleibt aber, aufs Ganze gesehen, auch hier seinem Grundsatz der bildparallelen Anordnung architektonischer Elemente treu, wie wir es von seinen Innenraumbildern her kennen. Vermeer war darauf bedacht, dem Bild einen vereinheitlichenden Gesamtton zu geben. Ocker- und Brauntöne wiegen vor, teilweise intensiviert durch rote und gelbe Farbakzente wie bei den Ziegeldächern, die, bedingt durch den Stand der dunklen Wolken, unterschiedlich vom Licht der Sonne getroffen werden – ähnliche fahle Lichteffekte im Mittelgrund strebte auch Jacob van Ruisdael (1628–1682) an. So liegen die vorderen Bauten des Befestigungsgürtels wie das Schiedamer Tor stärker im Schatten, während die hinteren Gebäude in der Bildmitte mit dem hoch aufragenden

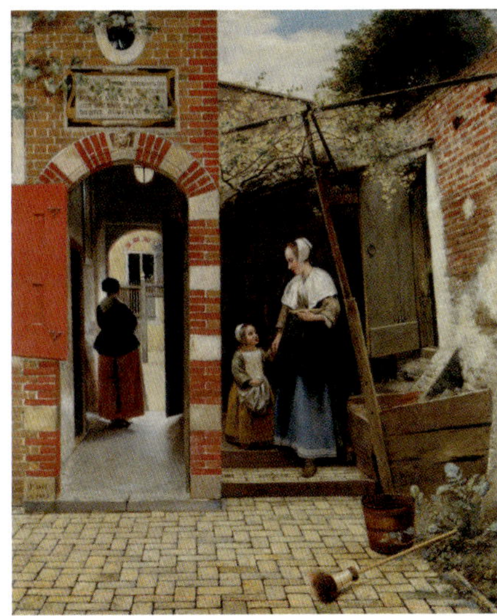

Pieter de Hooch
Dienstmagd mit Kind im Hof, 1658
Öl auf Leinwand, 73,5 x 60 cm
London, The National Gallery

Das Nebeneinander häuslicher Situationen findet sich auch bei Pieter de Hooch, der zeitweilig in Delft tätig war. Vermeer dürfte viele seiner Bilder gekannt haben.

Die kleine Straße, um 1658–61
Öl auf Leinwand, 53,5 x 43,5 cm
Amsterdam, Rijksmuseum

Bei dieser bildparallel dargestellten Häuserfront gilt Vermeers besonderes Interesse den Altersspuren der Backsteinfassade mit dem groben Kalkanstrich. Trotz des Eindrucks lautlosen Stillstands ist Bewegung und zeitliche Veränderung durchaus feststellbar, so in den aufziehenden Quellwolken.

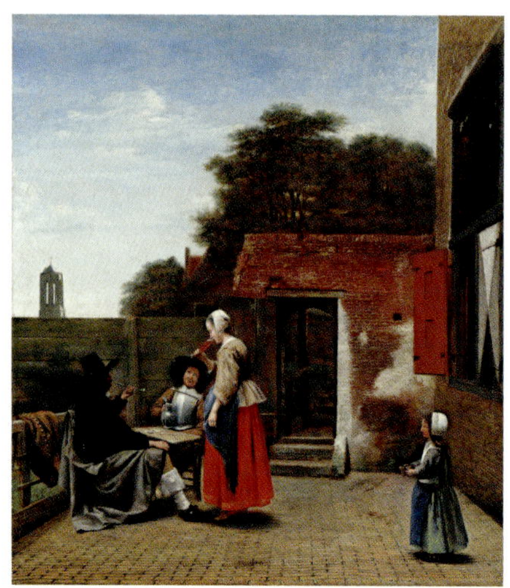

Pieter de Hooch
Ein Hinterhof in Delft, um 1658–60
Öl auf Leinwand, 69,5 x 60 cm
Washington, D.C., National Gallery of Art, Andrew Mellon Collection, 1937

Vergleichbar mit Vermeers Gemälde *Die kleine Straße* sind kurz vor 1660 entstandene Bilder Pieter de Hoochs mit Delfter Hinterhöfen und ihren Bewohnern (Abb. S. 13 und oben). Diese Bilder sind allerdings im Allgemeinen nahsichtiger, während Vermeer seine Häuser aus einer etwas größeren Entfernung abbildet.

Kirchturm der Nieuwe Kerk, eines Bauwerks der Brabanter Spätgotik, in fast irreal anmutender Helligkeit aufleuchten. Wahrscheinlich hat Vermeer damit bewusst einen politischen Akzent setzen wollen, denn die Nieuwe Kerk bewahrte seit 1622 das von Hendrick de Keyser geschaffene Grabmal Wilhelms I. von Oranien, der 1584 im Delfter Prinsenhof einem Attentat zum Opfer gefallen war. In Delft wurde dieser niederländische Statthalter als Held des Widerstands gegen die spanische Fremdherrschaft besonders verehrt. Die dunklen Gebäude im Uferbereich sind übersät von granulatartig wirkenden winzigen Farbtupfen, die die rauhe Materie an den Fugen der Backsteinmauern oder am Rumpf der Schiffe, wie dem Frachtkahn rechts, funkeln und flimmern lassen. Diese Bildästhetik hängt mit dem von der Camera obscura gelieferten Erscheinungsbild zusammen, das Vermeer übernahm. Seine topografische *Ansicht von Delft* lässt sich also bis zu einem gewissen Grade als „abstrakt" bezeichnen, da sie an vielen Stellen das durch das Medium übermittelte optische Phänomen mit seinen spezifischen Reflexen, Refraktionen und Unschärfen reproduziert.

Wie Jacob van Ruisdael achtet auch Vermeer auf das transitorische Spiel der Wolken, das die Beleuchtungsverhältnisse stetig verändert. Der Faktor der Zeit spielt also auf diesem Bild durchaus eine wichtige Rolle, obwohl sein Gesamteindruck paradoxerweise Stille, aller Aktivität entrückte Bewegungslosigkeit ist, was zweifellos mit der Menschenleere des Ortes zusammenhängt.

Auch das vermutlich etwas früher gemalte Bild *Die kleine Straße* (Abb. S. 12) vermittelt den Eindruck zeitenthobenen, lautlosen Stillstands. Bildparallel ist auf der anderen Seite der Straße, jenseits des wie geriffelt erscheinenden Kopfsteinpflasters, eine Backsteinfassade mit schießschartenähnlich eingeschnittenem Staffelgiebel dargestellt, die nach links auf niedrigerer Höhe zum Nachbarhaus überleitet. Über der Verbindungsmauer sind die Giebel und Dächer hinterer Gebäude zu sehen. Die meisten Fensterläden des Hauses sind geschlossen, die Fassade erscheint so nach außen abgeriegelt, nur die geöffnete Haustür, in der eine Frau über ihrer Klöppelarbeit sitzt, gestattet den Blick ins Innere, das aber in unbestimmbares Dunkel übergeht. Durch das notdürftig mit Stützbalken ausgebesserte Hoftor blickt man auf einen schmalen Gang, auf dem sich eine Magd an einer Regentonne bzw. einem Wasserfass zu schaffen macht (ein Motiv, das sich übrigens später bei Jean-Baptiste Siméon Chardin verselbstständigt). Die beiden Frauen, die sich ganz der hauswirtschaftlichen Tätigkeit widmen, erscheinen anonym. Die Magd ist zur Seite gewandt, ihr Gesicht ist nicht erkennbar, und das Antlitz der Sitzenden ist nur ein Farbtupfer, gerahmt vom Weiß ihrer Haube, des Brustbesatzes und der Klöppelarbeit, das seine Fortsetzung in dem groben Kalkanstrich des unteren Teils der Fassade erfährt. Unkenntlich sind auch die Gesichter der beiden Kinder, die am Boden vor dem Haus knien. Was sie tun, wird nicht deutlich. Vermutlich spielen sie wie jene Kinder, die man auf holländischen Kirchenraumbildern des 17. Jahrhunderts häufig beim Ausheben von Fliesenplatten mitwirken sieht.

Die wenigen Figuren auf Vermeers Bild *Die kleine Straße* stehen in keinem kommunikativen Zusammenhang, ihre leisen Aktivitäten sind voneinander getrennt, jeder handelt für sich, doch so, dass der Betrachter die Parallelität und Gleichzeitigkeit wahrnehmen kann. Ähnlich verhält es sich auf dem etwas früher gemalten und Vermeer wahrscheinlich bekannten Bild *Dienstmagd mit Kind im Hof* von Pieter de Hooch (1629–1684) aus dem Jahre 1658 (Abb. S. 13), wo man links die Hausfrau im zur Straße führenden Hausflur sieht und rechts, davon offenbar handlungsmäßig isoliert, ihre kleine Tochter mit der Magd, die aus einem stallähnlichen Verschlag hervortreten.

Detail aus ***Die kleine Straße*** (Abb. S. 12)

Im Gegensatz zu Darstellungen früherer niederländischer Künstler wie Pieter Bruegel d. Ä., die Kinderspiele in moralisierender Absicht sehr genau wiedergeben, lässt uns Vermeer über das Handeln der beiden am Boden knienden Kinder im Unklaren.

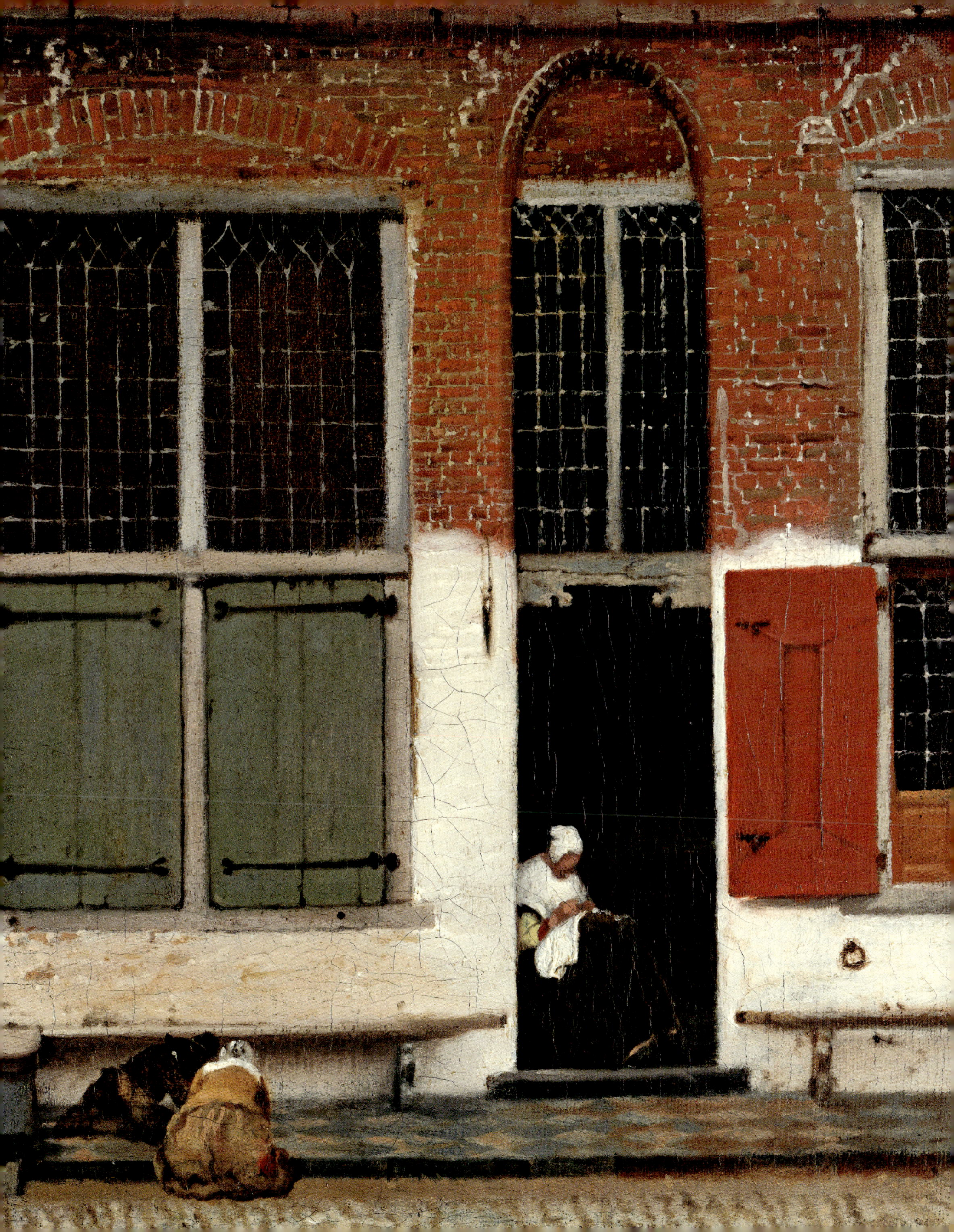

Ansicht von Delft, um 1660–63
Öl auf Leinwand, 96,5 x 115,7 cm
Den Haag, Koninklijk Kabinet
van Schilderijen Mauritshuis

Vermeer nahm die „Perspektivansicht" von Delft vermutlich von dem höheren Geschoss eines Hauses auf. Anders als die rein topografisch interessierten Vedutenmaler seiner Zeit gibt er die Stadt nicht aus einer größeren Entfernung im Überblick, sondern nahansichtig nur in einem Ausschnitt wieder. Dass das hinter der dunklen Wolkendecke durchbrechende Sonnenlicht die Gebäude hinter den am Ufer gelegenen Bauten trifft, hat wahrscheinlich eine politische Bedeutung: Die hell erleuchtete Nieuwe Kerk, in der sich seit der ersten Jahrhunderthälfte das Grabmal Wilhelms I. von Oranien befand, war ein Monument von großer nationaler Symbolik.

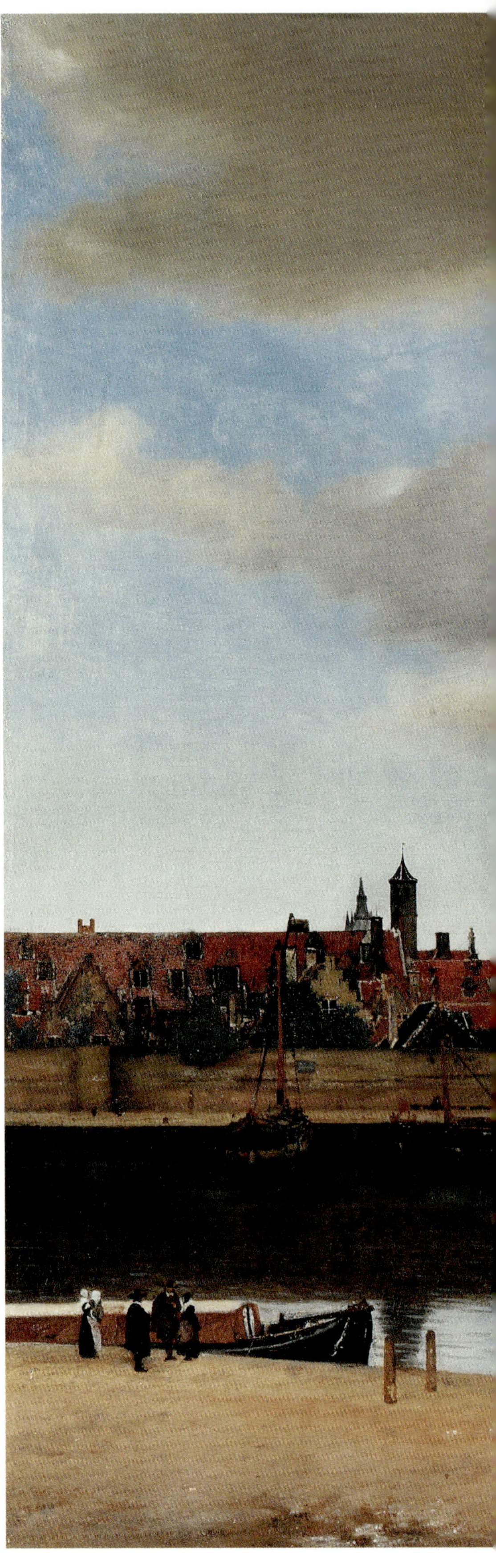

Athanasius Kircher
Camera obscura
Illustration aus *Ars magna lucis et umbrae*,
Rom 1646, Tafel 28

Das Prinzip der Camera obscura war bereits in der Antike bekannt, aber erst seit dem 16. Jahrhundert kam sie in Gebrauch, vor allem als Hilfsmittel für topografische Zwecke. Es wurde daher sehr bald ein tragbares Gerät entwickelt, bei dem sie auf ein Blatt Papier oder eine Glasscheibe projizierte Situation nachgezeichnet und auf einen anderen Bildträger übertragen werden konnte. Bei seiner *Ansicht von Delft* dürfte sich Vermeer dieses Mediums bedient haben.

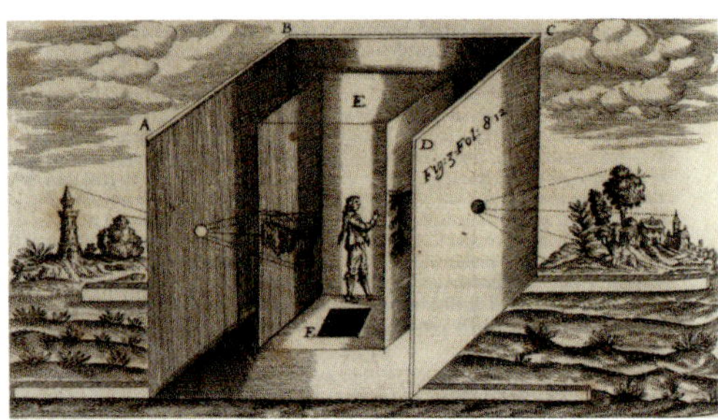

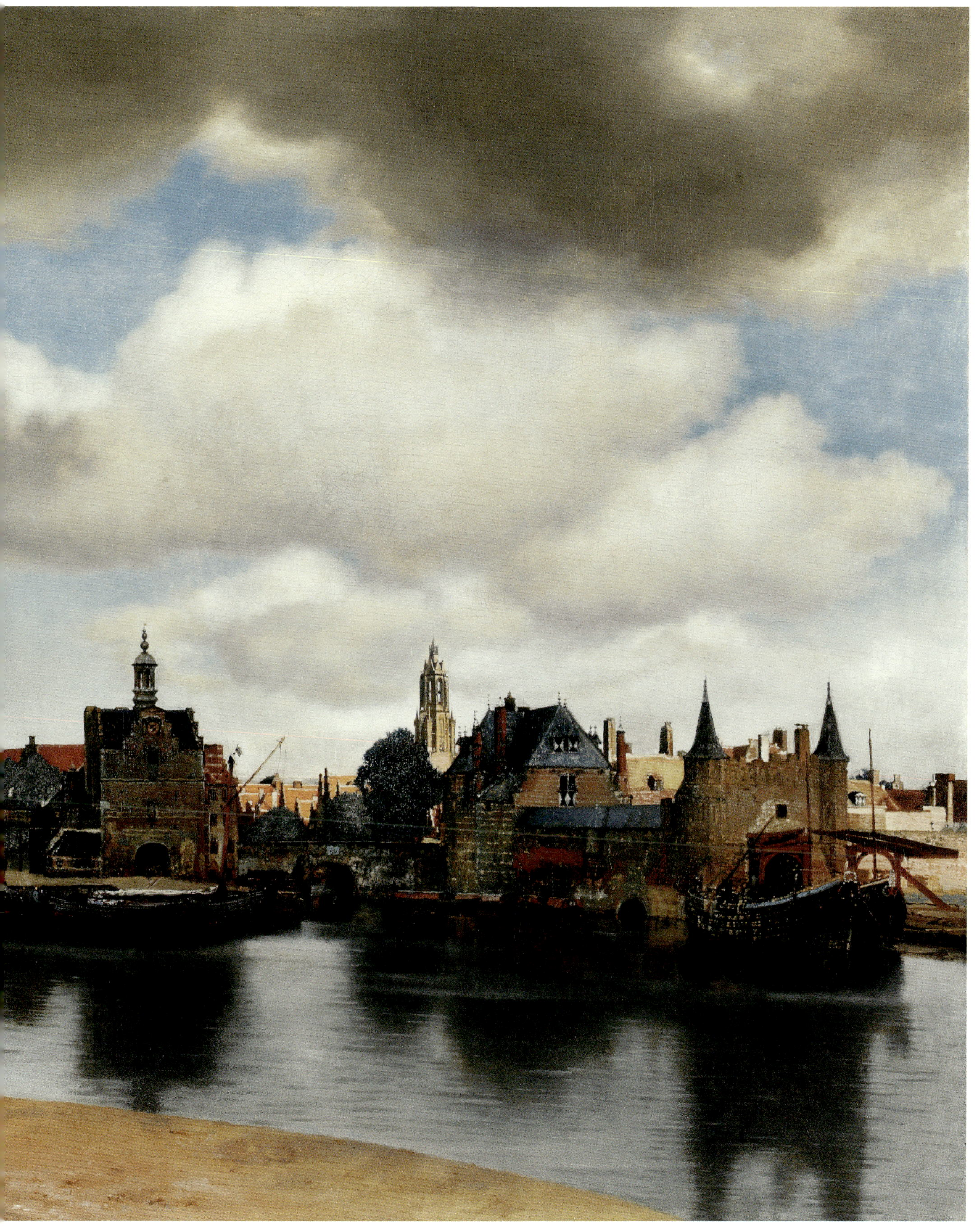

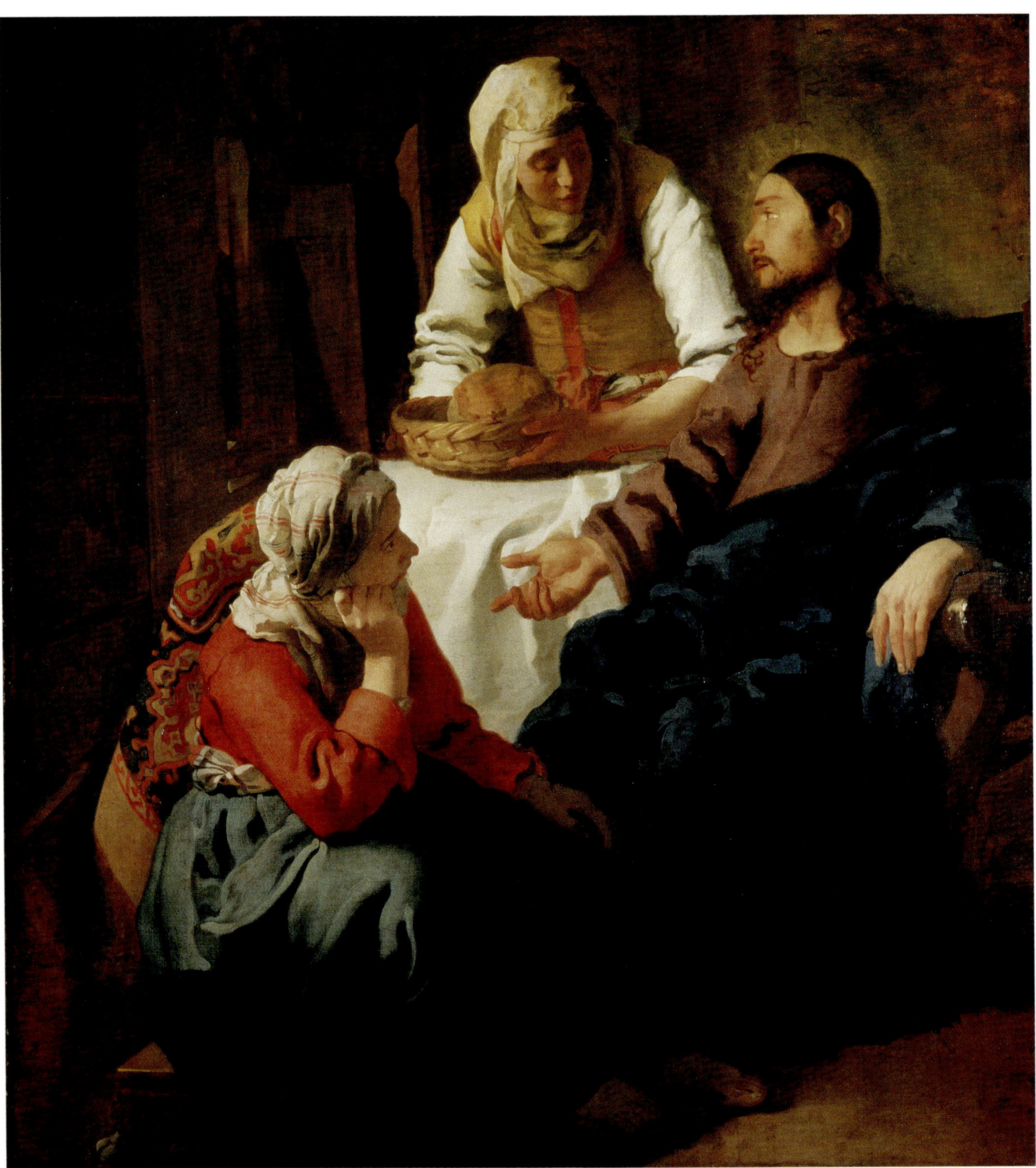

„Maria hat das gute Teil erwählt“

Vornehmste Aufgabe: Historienbilder

Angesichts der vielen Genrebilder Vermeers mag es vielleicht verwundern, dass seine frühesten uns bekannten Werke jener Malereigattung zuzurechnen sind, die zu seiner Zeit als Historienbilder bezeichnet wurden. Offenbar erschien es dem jungen Künstler wichtig (oder man erwartete es von ihm), bei seinem Eintritt in die Malergilde die Fähigkeiten eines „gelehrten Malers“ (*pictor doctus*) unter Beweis zu stellen, der einen erhabeneen Gegenstand im Sinne der Kunstlehre vom „Decorum“, dem Schicklichen und Geziemenden, zu gestalten imstande sei. Im hierarchischen Gattungsgefüge, wie es von der normgebenden Pariser Akademie entwickelt wurde, nahm die Historienmalerei den höchsten Rang ein – vor der Porträt-, Landschafts-, Stillleben- und Tiermalerei. Schon früh hatten niederländische Kunstschriftsteller wie Karel van Mander (1548–1606) in seinem *Schilder-boeck* (Haarlem 1604, fol. 281 a) und andere in ihren Traktaten die Historienmalerei als vornehmste Aufgabe der Kunst bezeichnet. Diese Gattung umfasste einerseits religiöse Sujets, also biblische Motive (vgl. Abb. S. 19) oder Szenen aus Heiligenlegenden und Kirchengeschichte, andererseits antike historische Stoffe und mythologische Themen.

Auf dem im Gegensatz zu vielen Werken der Spätzeit (z. B. der *Spitzenklöpplerin,* um 1669/70, mit 23,9 x 20,5 cm das kleinste Bild Vermeers; Abb. S. 4) relativ großformatigen Gemälde *Christus bei Maria und Martha* (160 x 142 cm; Abb. S. 18) ist eine Episode aus dem Lukas-Evangelium dargestellt. In dieser Bibelstelle wird erzählt, wie Christus auf einen Markt geht, wo ihn eine Frau namens Martha in ihr Haus einlädt, um ihn zu bewirten. Während sich Martha in der Küche zu schaffen macht, hört ihre Schwester Maria Christus zu. Auf Marthas Frage an Christus, warum er Maria nicht auffordere, ihr beim Dienen zu helfen, antwortet dieser: „Martha, Martha, du hast viel Sorge und Mühe; eins aber ist not. Maria hat das gute Teil erwählt; das soll nicht von ihr genommen werden.“

Dieser Stoff erfreute sich schon in der flämischen Malerei des 16. Jahrhunderts großer Beliebtheit. Es ließ sich daran das Problem der guten Werke abhandeln, die von den Reformatoren als bloß äusserliches Tun abgelehnt wurden. Zugleich konnte man daran den bei den Humanisten beliebten Gegensatz von „Vita activa“ (geschäftigem, tätigem Leben) und „Vita contemplativa“ (beschaulichem Leben) demonstrieren.

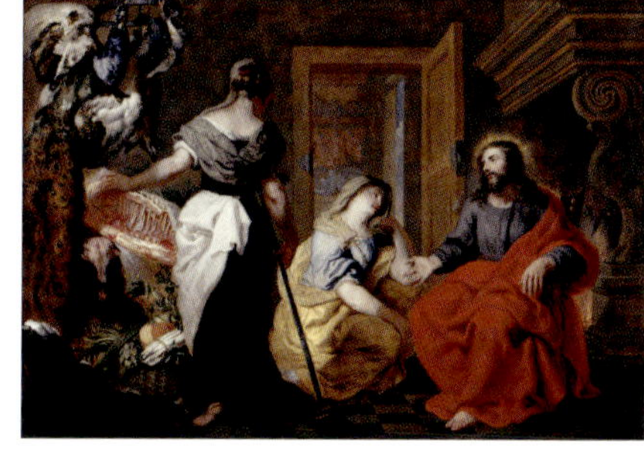

Erasmus Quellinus II.
Christus im Haus von Maria und Martha, um 1640–45
Öl auf Leinwand, 172 x 243 cm
Valenciennes, Musée des Beaux-Arts

Diese Werk wird immer wieder als Motivvorbild für die Haltung Christi in Vermeers Bild *Christus bei Martha und Maria* angeführt.

Christus bei Maria und Martha, um 1655
Öl auf Leinwand, 160 x 142 cm
Edinburgh, National Galleries of Scotland

Dieses Bild ist eines der frühesten Werke Vermeers. Biblische Themen gehörten zur Historienmalerei, die in den zeitgenössischen Kunsttraktaten als vornehmste Aufgabe der Malerei bezeichnet wurde. Bei seinem Eintritt in die Lukasgilde wollte Vermeer damit wohl seine Befähigung in dieser Malereigattung unter Beweis stellen.

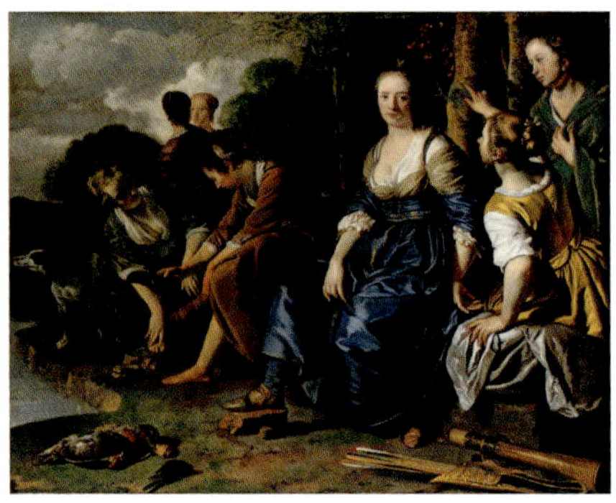

Jacob van Loo
Diana und ihre Nymphen, 1648
Öl auf Leinwand, 136,8 x 170,6 cm
Staatliche Museen zu Berlin, Gemäldegalerie

Diana und ihre Nymphen, um 1654
Öl auf Leinwand, 97,8 x 104,6 cm
Den Haag, Koninklijk Kabinet
van Schilderijen Mauritshuis

Rembrandt Harmensz. van Rijn
Bathseba mit dem Brief des Königs David, 1654
Öl auf Leinwand, 142 x 142 cm
Paris, Musée du Louvre

Eine Analogie zu Vermeers Fußwaschungsszene (Abb. S. 21) ist Rembrandts nahezu gleichzeitig gemaltes Bild der Bathseba. Durch dieses Reinigungsmotiv werden sowohl Diana als auch Bathseba in einen typologischen Bezug zu Christus gesetzt.

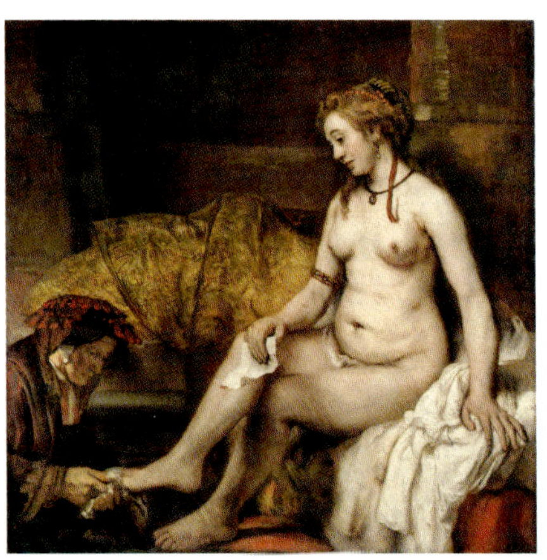

Die dem Pyramidalschema folgende Komposition bei Vermeers Bild *Christus bei Maria und Martha* ist vergleichsweise schlicht und unkompliziert. In einem einfachen, großenteils aus Holzwänden gebildeten Raum sitzt Maria vorn auf einem niedrigen Schemel zu Füßen Christi, der, an seinem Kopf von einer schwachen Aureole umgeben, sich auf einem Sessel mit volutengezierter Armlehne niedergelassen hat. Martha, die einen Korb mit Brot hereinträgt, bedeutet er mit der ausgestreckten, auf Maria weisenden Hand, dass jene das bessere Teil erwählt habe. Zum Zeichen der Demut hat sich Maria ihrer Schuhe entledigt. Ihre Geste bzw. die Haltung des in die Hand gestützten Kopfes folgt dem ikonografischen Typus der Melancholie. Hier bedeutet sie im Sinne der „Vita contemplativa" Nachdenklichkeit und geistige Betrachtung.

Vermeer trägt die Farben mit breitem Pinsel pastos auf. Besonders gut kann man das an den Faltenstegen der Gewänder erkennen, die grob gehöht sind. Er bevorzugt kräftige, intensive Farbkontraste. So hebt sich das grelle Weiß des Tischtuchs markant vom Dunkelblau des Gewandes Christi und dem Zinnoberrot der Bluse Marias ab.

Vermeers zweites Historienbild aus seiner Frühphase ist das heute im Mauritshuis, Den Haag, aufbewahrte Gemälde *Diana und ihre Nymphen* (Abb. S. 21). Das Thema entlehnte er Ovids *Metamorphosen* (3, 138–253). Der antiken Mythologie zufolge war Diana die Göttin der Jagd, sie galt als Inbegriff der Keuschheit. Gerade am Motiv der badenden Göttin ließ sich dieser Aspekt der jungfräulichen Reinheit, der Sittenstrenge und des Schamgefühls demonstrieren, die durch den Voyeurismus des herannahenden Aktäon verletzt werden. Tizian (um 1490–1576) hat diese Szene, die in der Ovidschen Erzählung der von Vermeer wiedergegebenen Episode unmittelbar folgt, in einem 1556–1559 für den spanischen König Philipp II. gemalten Bild dargestellt (*Diana und Aktäon*, London, National Gallery). Ihm geht es um das Problem der Nacktheit, die in dieser Zeit als peinlich empfunden zu werden beginnt. Der Voyeurismus, zu dem der Künstler mit seiner freizügigen Darstellung den Betrachter paradoxerweise einlädt, wird bildimmanent verurteilt. Gegenüber Tizians erotisch-sinnlicher Auffassung des Themas nimmt sich Vermeers handlungsarmes Bild geradezu prüde aus. Schon auf dem Gemälde eines anderen Niederländers, des Amsterdamer Malers Jacob van Loo (1614–1670), das 1648 entstand und Vermeer vielleicht als Bildquelle gedient hat (Abb. S. 20 oben), ist diese Tendenz zur Verhüllung der als anstößig empfundenen Nacktheit festzustellen. Bei Vermeer wendet sich eine halbbekleidete Nymphe (hinter Diana, die an ihrem Mondsichel-Diadem kenntlich ist) schamhaft ab.

Vermeer hat auf seinem Bild nur wenige Personen dargestellt. Diana und zwei ihrer Gefährtinnen sitzen auf einem Stein, um sich von der Jagd auszuruhen. Im Hintergrund steht eine dunkel gekleidete Nymphe, die dem rituell wirkenden Akt der durch eine weitere Nymphe an der Göttin vollzogenen Fußwaschung andächtig, ja fast dumpf-apathisch zuschaut. Über dieses Reinigungsmotiv setzt Vermeer Diana in einen typologischen Bezug zu Christus. Dadurch erhält das Bild fast eine religiöse Komponente. Eine Parallele besteht auch zu der Szene von Bathsebas Fußwaschung (2. Samuel, 11), wie sie – fast gleichzeitig, nämlich 1654 – Rembrandt (1606–1669) malte (Abb. S. 20 unten).

Auf der abendlichen Szene – die Dämmerung bricht gerade herein – lastet eine drückende, melancholische Stimmung. Die Gesichter der Frauen sind verschattet. Die Dunkelheit ist in Verbindung mit der Tatsache zu sehen, dass Diana in der antiken Mythologie oft mit Selene, der Mondgöttin (daher ihr Attribut der Mondsichel), gleichgesetzt wurde. Sie galt auch als Helferin bei

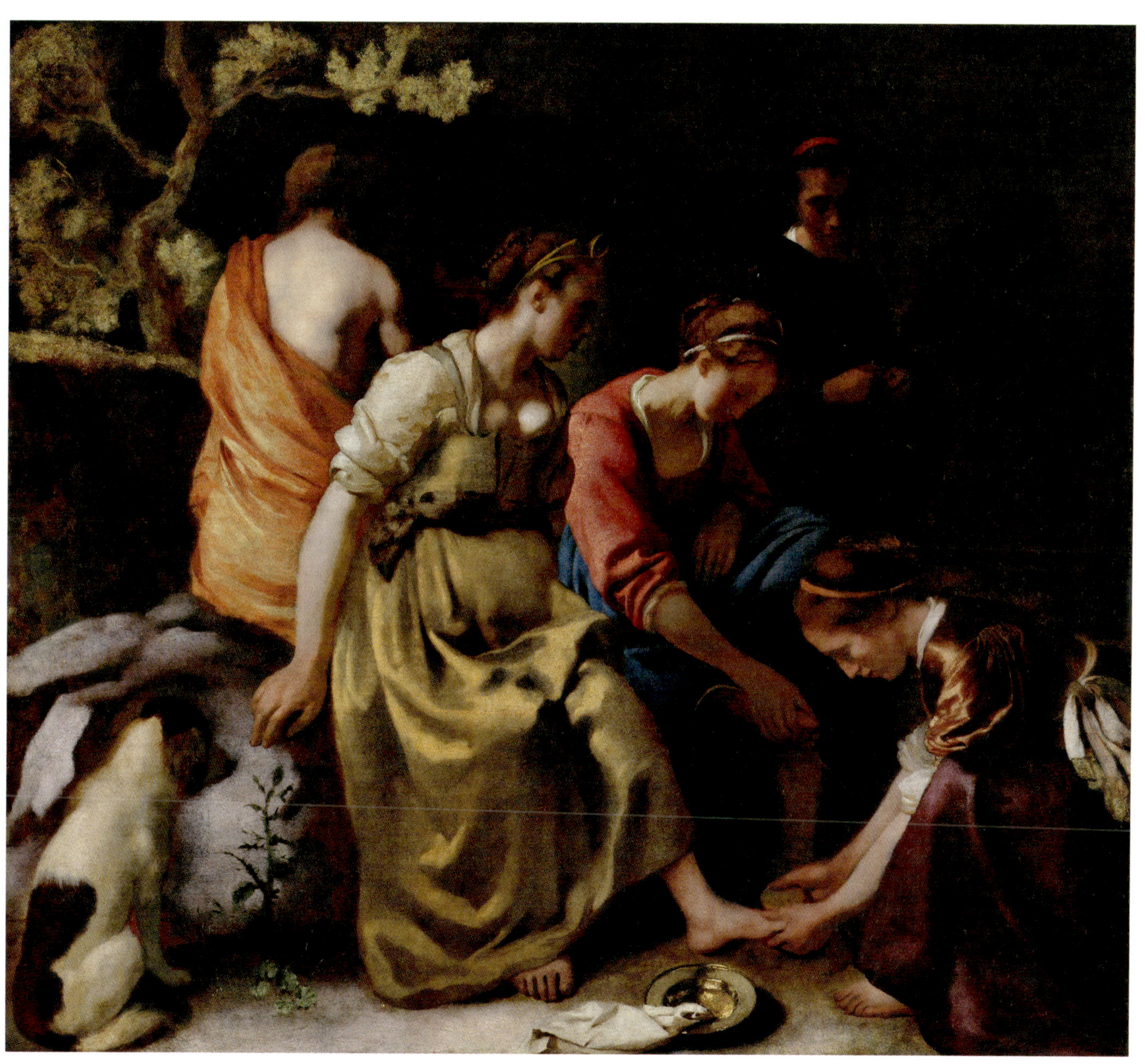

der Geburt, da die Feuchtigkeit des Mondes die Niederkunft angeblich fördert. Dieses frühe Gemälde weist, besonders was die Darstellung der Körperhaltungen und Interaktionen betrifft, noch viele Mängel und Schwächen auf; der qualitative Unterschied etwa zu Jacob van Loos kompositionell und in der Ausführung sehr viel eleganterem Bild ist nicht zu übersehen. Gemessen an dem hohen akademischen Standard wirkt Vermeers Gestaltung unbeholfen und provinziell. Schon früh geäusserte stilkritische Zweifel, ob das Werk wirklich von Vermeer stamme, lassen sich nach wie vor nicht ganz ausräumen. Bezeichnend ist, dass das Werk bei seinem Ankauf durch das Mauritshuis im Jahre 1876 Nicolaes Maes (1634–1693) zugeschrieben wurde, der in Rembrandts Atelier ausgebildet wurde. John Nash erkennt denn auch in dem Diana-Bild ein „distinctly Rembrandtian air“.[3]

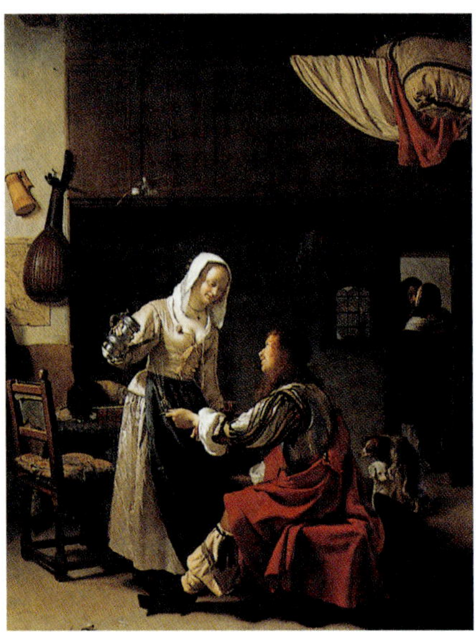

Frans van Mieris d. Ä.
Der Soldat und die Dirne, 1658
Öl auf Holz, 42,8 x 33,3 cm
Den Haag, Koninklijk Kabinet van Schilderijen Mauritshuis

Bei der Kupplerin, 1656
Öl auf Leinwand, 143 x 130 cm
Dresden, Staatliche Kunstsammlungen, Gemäldegalerie Alte Meister

Eine Bordellszene

Von solchen Unzulänglichkeiten frei ist dagegen das Dresdner Bild *Bei der Kupplerin* (Abb. S. 23). Bei diesem datierten (1656) Gemälde wechselte Vermeer in die Gattung der Genremalerei. Arthur Wheelock geht davon aus, dass Vermeer sich bei diesem Sujet von dem gleichnamigen Bild des Utrechter Caravaggisten Dirck van Baburen (1590–1624) anregen ließ, das im Besitz seiner Schwiegermutter Maria Thins war und bei ihm auf mehreren Interieurgemälden als anspielungsreiches Bild im Bild an der Zimmerwand erscheint (Abb. S. 22 unten).

Vermeers Bild gehört in die Kategorie des „Bordeeltje“, des Bordellbildes, das als eine Unterkategorie der holländischen Genremalerei sehr geschätzt wurde. Das große Interesse an derlei Themen verweist auf kompensatorische Wunschvorstellungen beim Publikum angesichts einer zunehmend prüder werdenden Alltagsmoral. Die „Bordeeltjes“ lassen sich im wesentlichen von Darstellungen der Episode des verlorenen Sohns herleiten, der im Wirtshaus bei den Huren sein Geld verprasst (Lukas 15, 11 ff.). In der Druckgrafik des 16. Jahrhunderts wurde diese Szene sehr häufig bildlich wiedergegeben, so zum Beispiel von Lucas van Leyden (1494–1533) oder in der *Sorgheloos*-Serie eines anonymen Künstlers (Amsterdam 1541). Ursprünglich sollte an diesem Gleichnis Christi vom verlorenen Sohn (*Filius prodigus*) aus reformatorischer Sicht gegenüber dem katholischen Grundsatz der Werkgerechtigkeit das Prinzip der göttlichen Gnade demonstriert werden, da der verlorene Sohn von seinem Vater voll liebender Vergebung wieder aufgenommen wird.

Dirck van Baburen
Die Kupplerin, 1622
Öl auf Leinwand, 101 x 107 cm
Boston, Museum of Fine Arts, M. Theresa B. Hopkins Fund

Baburens Freudenhausszene befand sich im Besitz von Vermeers Schwiegermutter. Das Gemälde taucht als Bild im Bild in zwei weiteren Werken des Künstlers auf und wird ihn nicht zuletzt zu seinem Bild mit gleicher Thematik angeregt haben.

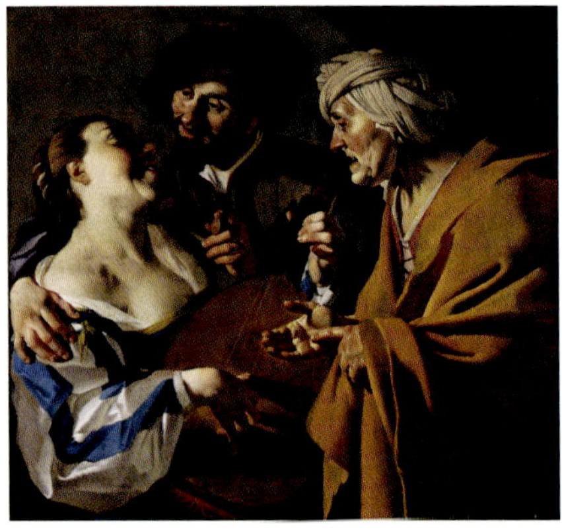

Das Bordellmotiv übte eine große Faszination aus; kein Wunder, dass es sich schnell verselbständigte. Aus humanistischer Sicht ließ sich damit gut eine didaktische Mahnung verbinden: Man sollte aus solchen Bildern lernen, wie leicht man in öffentlichen Häusern ausgenommen werden könne. Solche Warnungen vor Betrug, Übervorteilung, Diebstahl finden sich auch viel in der Narrenliteratur (z. B. in Sebastian Brants *Narrenschiff*, 1494). Gewarnt wurde in diesen Schriften auch vor den Folgen der Trunksucht, denn diese setze die Wachsamkeit herab, und nicht zuletzt stehe am Ende einer „Trinkerkarriere“ die Armut.

Wie bei den meisten Genrebildern, die ja nicht bloß naive Abschilderungen der Realität waren, sondern immer auch besondere norm- und wertvermittelnden Appelle in handlungsverändernder Absicht einschlossen, geht es um das Problem einer Kontrolle der Sinnlichkeit, darum, dass man stets wachsam und bei klarem, nüchternem Verstand bleiben solle. Das Motiv des Alkohols, genauer: des Weingenusses, ist auch auf Vermeers Bild zentral. Auf dem mit einem Teppich belegten Tisch, der sich rahmenparallel wie eine Schranke zwischen den

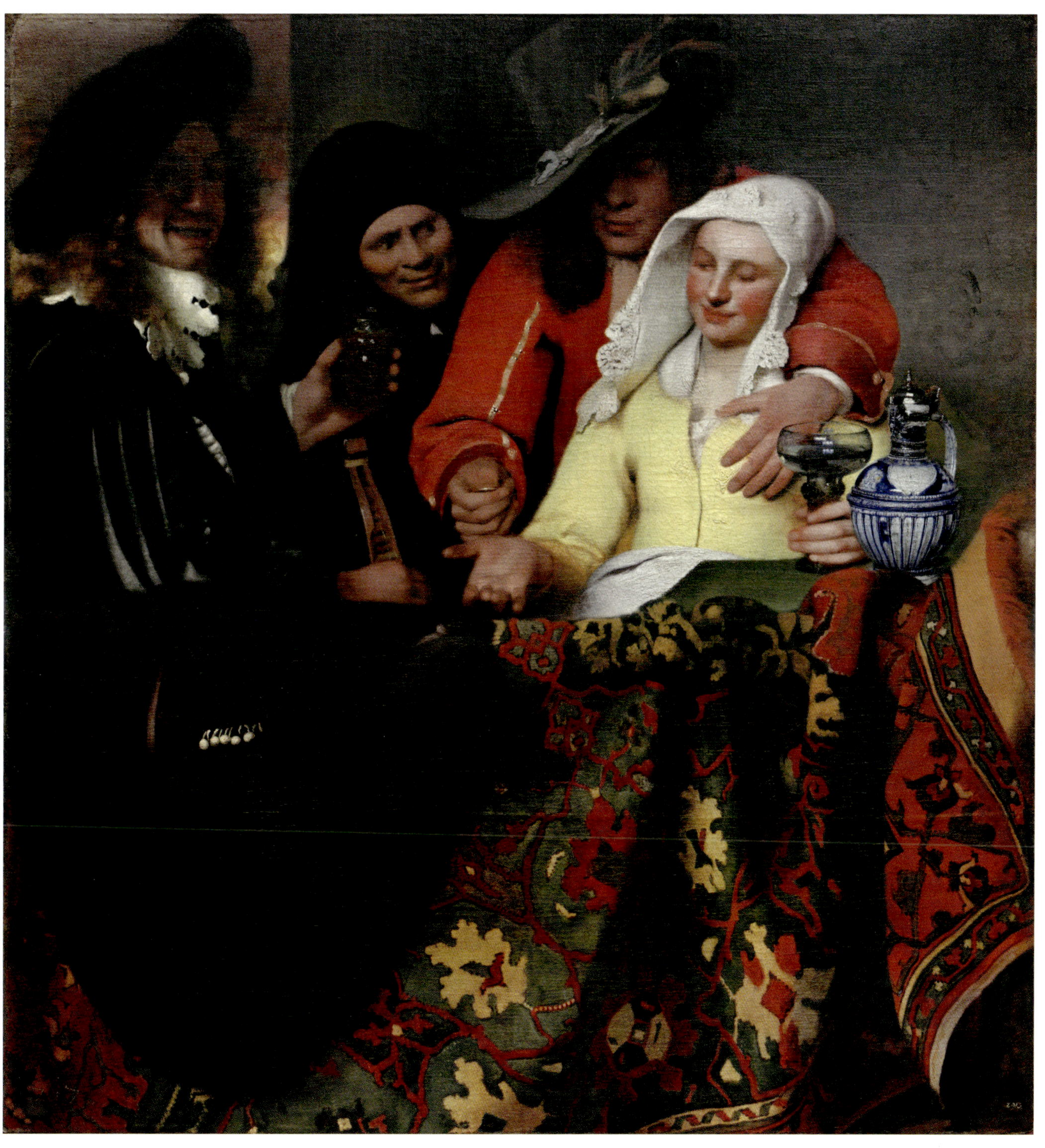

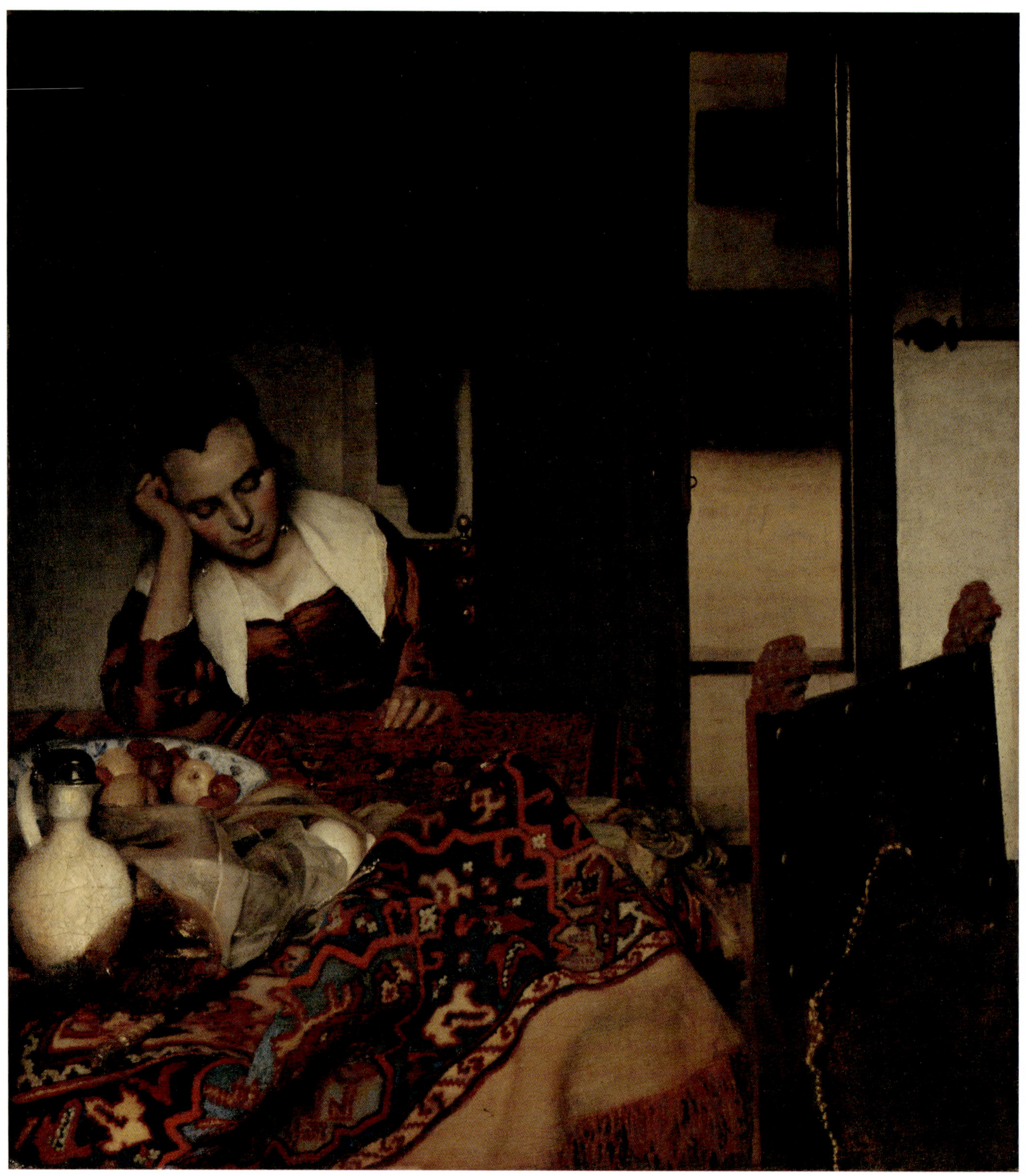

Betrachter und die Akteure im Bild schiebt, steht rechts eine Karaffe, und die junge Frau mit dem zitronengelben Wams hält ein Weinglas in der Linken, wie gleichfalls der in dunkler burgundischer Tracht gekleidete Zecher mit der Laute am linken Bildrand.

Das eigentliche Thema ist hier aber die Käuflichkeit der Liebe. Die junge Frau, deren Wangen vom Wein gerötet sind, öffnet die Hand, um von dem Kavalier mit dem federgeschmückten Hut und dem zinnoberroten Wams eine Münze für ihre Dienste entgegenzunehmen. Wieweit es sich um eine Bordellszene im engeren Sinn handelt, wäre noch genauer zu klären. Auffallend ist nämlich die Klöppelarbeit, die links, nur schwach erkennbar, über den Tischteppich geworfen ist. Dieses Detail lässt darauf schließen, dass eher eine häusliche Szene dargestellt ist. Dann handelte es sich um die Anbahnung einer ausserehelichen Liebesbeziehung durch Mithilfe der schwarz gekleideten Kupplerin, einer alten Frau aus der Nachbarschaft, die den erfolgreichen Abschluss ihrer Bemühungen genau verfolgt. Im Gegensatz zu anderen Bildern aus diesem Themenkreis, etwa das Werk *Soldat und Dirne* (1658; Abb. S. 22 oben) von Frans van Mieris d. Ä. (1635–1681), die den Handlungsablauf detaillierter ausschmücken, auch vor drastischen Anspielungen – wie den kopulierenden Hunden – nicht zurückschrecken, ist Vermeers nahansichtig komponiertes Bild zurückhaltend und semantisch offener angelegt.

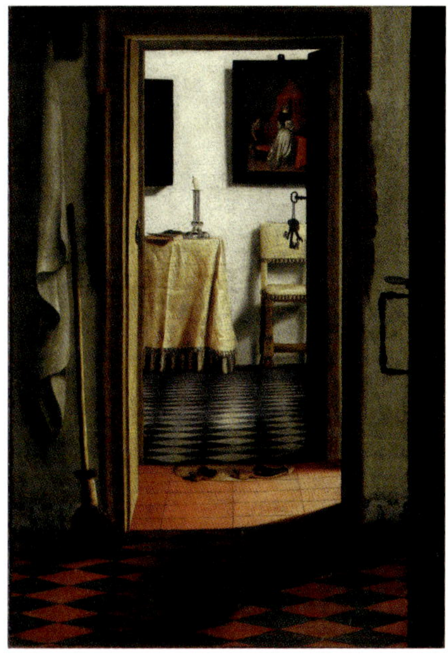

Samuel van Hoogstraten (zugeschrieben)
Die Pantoffel, 1660–65
Öl auf Leinwand, 103 x 70 cm
Paris, Musée du Louvre

Durchblicke von einem Raum durch eine geöffnete Tür in den Nebenraum finden sich in der holländischen Interieurmalerei des dritten Viertels des 17. Jahrhunderts häufig. Auch Vermeer hat in seinem *Schlafenden Mädchen* einen Durchblick verwendet.

Ein betrunken schlafendes Mädchen

Das Thema des Weingenusses wird, wie an der Karaffe vorn links zu erkennen, auf dem Bild *Schlafendes Mädchen*, das sich heute in New York befindet (Abb. S. 24), wiederaufgenommen. An einem Tisch, der mit einem schweren orientalischen Teppich bedeckt ist, dessen Vorderseite in arrangierter Unordnung zu einem aufgipfelnden Dreieck zusammengeschoben ist, sitzt dem Betrachter frontal gegenüber eine junge Dame, den Kopf in die rechte Hand gestützt. Sie ist offensichtlich eingeschlafen. In der Tat ist dem Gemälde, als es am 16. Mai 1696 in Amsterdam zum Verkauf anstand, der Titel *Een dronke slafende Meyd aen een Tafel* (*Ein betrunkenes, schlafendes Mädchen an einem Tisch*) gegeben worden, und 1737 findet sich bei einem weiteren Verkauf die Bezeichnung *Een slapent vrouwtje, van de Delfse van der Meer* (*Eine schlafende junge Frau, von Van der Meer aus Delft*). Der vornehmen Kleidung nach zu urteilen, handelt es sich bei der jungen Frau nicht um eine Magd, sondern um eine „huisvrouw", also eine Ehefrau, der der Haushalt unterstellt ist.

Im Gegensatz etwa zu Jan Steen, der auf seinen Gemälden eine Überfülle von Gegenständen und (meist lärmenden) Akteuren inszeniert (Abb. S. 9), arbeitet Vermeer mit nur wenigen Bildelementen. Die Frau wird aus allen Handlungsbezügen isoliert. Ursprünglich vorhandene Elemente hat Vermeer nachträglich übermalt, wie eine Röntgenuntersuchung des Bildes ergab: So war anfänglich in der Tür ein Hund zu sehen und im hinteren Raum ein Mann. Indem Vermeer diese narrativen Zusätze übermalte, verlieh er der Komposition einen bedeutungsmäßig offenen Charakter. Die Geste der Frau erscheint so nicht ganz eindeutig. Man könnte sie wie bei der Maria auf dem frühen Historienbild für eine Gebärde der Melancholie halten. Wahrscheinlicher jedoch ist eine Bezugnahme auf die Motivtradition der Acedia, der Trägheit, deren Bildtypus in gleicher Weise dargestellt wurde.

Die Acedia galt in der Theologie des Mittelalters als Laster, ja als Todsünde. Gerade in einer Zeit, in der von den Obrigkeiten ein rigides, asketisches Arbeitsethos aufgebaut wurde, mit Normen, die bis in den Bereich der Hauswirtschaft

Schlafendes Mädchen, um 1656/57
Öl auf Leinwand, 87,6 x 76,5 cm
New York, The Metropolitan Museum of Art, Bequest of Benjamin Altman, 1913

Der vornehmen Kleidung nach zu urteilen, handelt es sich um eine Hausfrau, der der Haushalt unterstellt ist. Die Geste des in die Hand gestützten Kopfes lässt sich auf die Motivtradition der Acedia, des Müßiggangs, zurückführen, die eine Folge der Trunksucht ist, wie die Weinkaraffe vorn andeutet. Die Frau hat also die ihr übertragenen Pflichten gewissenhafter Haushaltsführung vernachlässigt.

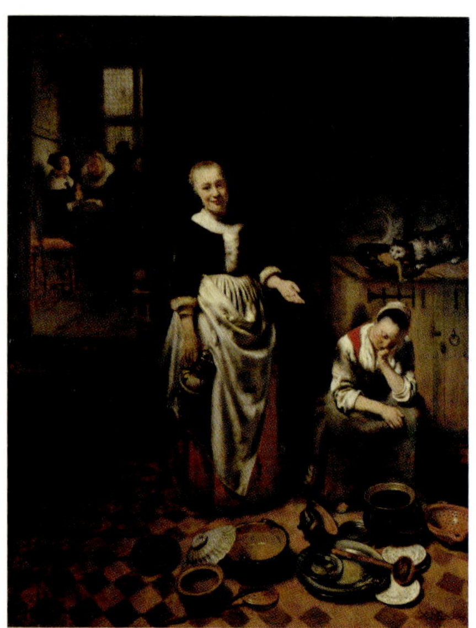

Nicolaes Maes
Die faule Magd, 1655
Öl auf Holz, 70 x 53,3 cm
London, The National Gallery

Hier ist es die Magd, die sich am Wein berauscht hat und so ihren Aufgaben nicht nachkommt.

hineinreichten, musste die Verletzung dieser Normen durch die Hausfrau als Verstoß gegen das göttliche Gesetz erscheinen. In der Hausväterliteratur des 17. Jahrhunderts wurde von der „Hausmutter" verlangt, dass sie als Befehlshaberin des Hauses gottesfürchtig und züchtig sei, ein leuchtendes Beispiel christlicher Tugenden und ein Vorbild für das Gesinde.

Oft wurde die Acedia als Folge der Trunksucht erklärt. Jan Steen hat auf seinem heute in der Londoner National Gallery befindlichen Bild *Die Folgen der Unmäßigkeit* (um 1663–1665) eine vom Weingenuss berauschte, eingeschlafene Frau dargestellt. Der Schlaf zieht eine Vernachlässigung ihrer Pflichten nach sich: Das Haus steht Kopf, die Kinder lassen die Katze an einer Pastete naschen, die Magd gibt einem Papagei Wein zu trinken, im Garten verlustiert sich ein Liebespaar. Die geheiligte Hausordnung ist außer Kraft gesetzt. Auf sozial niedrigerer Stufe erscheint das Acedia-Motiv auf Nicolaes Maes' Bild des *Die faule Magd* (Abb. S. 26). Hier ist es also die Magd, die sich am Weingenuss ihrer Herrschaft gütlich getan hat und so ihren Aufgaben nicht nachgekommen ist, was das unordentlich am Boden liegende Geschirr und die Katze verdeutlichen, die das gerupfte Huhn wegschnappt.

Der Weingenuss von Vermeers eingeschlafener junger Frau hat ganz offensichtlich etwas mit einer außerehelichen Liebesbeziehung zu tun. Dafür ist nicht nur der nachträglich übermalte Mann im angrenzenden Raum ein Indiz. Auch das Bild an der Wand, das als „Clavis interpretandi" nicht zufällig über der Frau hängt, gibt einen Hinweis auf diesen erotischen Kontext. Es ist nur undeutlich erkennbar, weil stark verschattet. Man hat herausfinden können, dass Vermeer hier ein Gemälde von Caesar van Everdingen (um 1616–1678) zitiert, das einen Putto oder kleinen Eros mit einer Maske, dem Zeichen der Verstellung, zeigt. Everdingens Bild geht auf ein Emblem Otto van Veens (*Amorum Emblemata*, Antwerpen 1608) zurück, dessen Motto „Liebe verlangt Aufrichtigkeit" lautet.

Auf erotische Aspekte verweisen bei Vermeer auch die fast stilllebenhaft erscheinende Obstschale – die „Früchte des Bösen" – und das in ein Tuch eingehüllte Ei, das ein Zeichen für die zu meidende Entfesselung der Libido ist. Vermeer hat gewiss Stellen aus der antiken Literatur gekannt, die von volkspädagogisch bemühten Autoren des 17. Jahrhunderts (wie Jacob Cats) sehr häufig zitiert wurden. Danach wurde den Frauen das Weintrinken untersagt, weil aus Trunkenheit Hurerei entstehe. Ein antikes Sprichwort wurde immer wieder angeführt: „Mulier si temetum biberit domi ut adulteram puniunta" („Wenn eine Frau zu Hause Wein trinkt, ist sie wie eine Ehebrecherin zu bestrafen").

Vermeer hat auf diesem Bild bereits großen Wert auf geometrische Konfigurationen gelegt. Hier setzt ein, was typisch für die meisten seiner Interieurbilder werden sollte: die bildparallele Anordnung der Räume, was an deren Rückwänden oder den schrankenartig horizontal in sie hineingestellten Tischen erkennbar wird. Er vermied dadurch starke perspektivische Verzerrungen beim Gebrauch der Camera obscura (vgl. Abb. S. 16). Der dabei entstehende Gegeneffekt war indessen eine starke Tendenz zu einem flächenhaften Angleichen der Raumpläne, sodass die Rahmen von Türen, Spiegeln und Bildern, Tische und anderes Mobiliar zu fast abstrakten tektonisch-geometrischen Strukturen werden.

Detail aus ***Schlafendes Mädchen*** (Abb. S. 24)

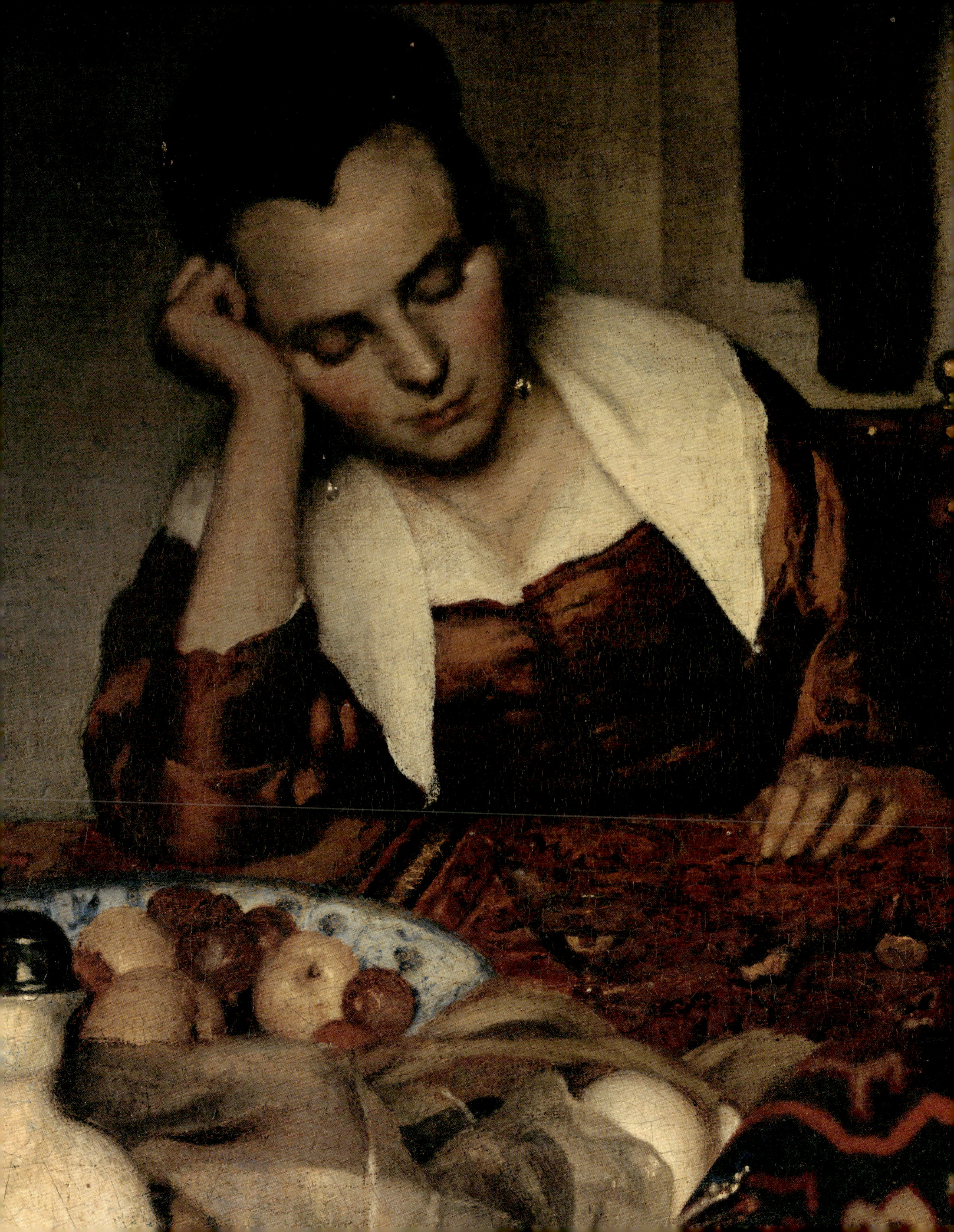

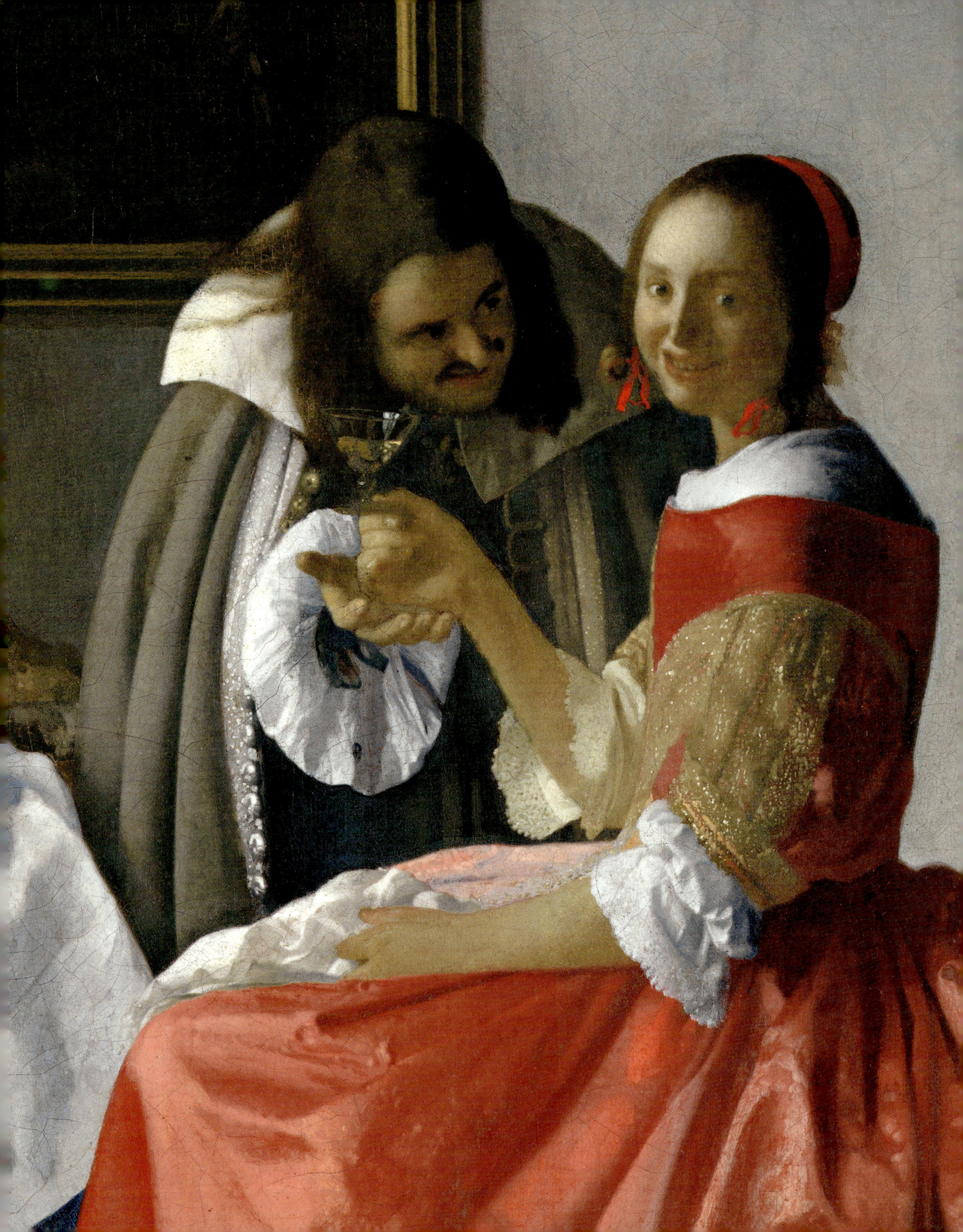

Versuchungen der Liebe

Verführung durch Wein

Die Thematik des *Schlafenden Mädchens* (Abb. S. 24) wird von Vermeer in dem Bild *Kavalier und junges Mädchen* (Abb. S. 32) aufgenommen. Während dort die Situation aus dem narrativen Kontext herausgelöst erscheint, wird hier der Vorgang der Verführung durch Wein direkt dargestellt. Ein Kavalier mit breitkrempigem Hut sitzt, stark verschattet, vorn links, die Hand in die Hüfte gestemmt und halb in Rückenansicht, in verlorenem Profil. Er unterhält sich mit einer jungen Frau mit weißem Kopftuch, die, vom durchs geöffnete Fenster hereinströmenden Licht angestrahlt, ihn anlächelt. Die rhetorische Gebärde ihrer geöffneten linken Hand unterstreicht den Gesprächscharakter der Situation. Nirgendwo sonst auf Bildern Vermeers sind die durch die jähe Raumverkürzung bedingten Größenunterschiede zwischen Mann und Frau so stark ausgeprägt wie in diesem Gemälde. Der Mann dominiert, er ist es, der sich mit dem Wein die junge Frau gefügig zu machen sucht. Dem Licht-Schatten-Gegensatz mag sogar eine unbewusste (oder beabsichtigte?) psychologische Symbolik innewohnen. Die vom Sonnenlicht beschienene Frau verkörpert eher das Prinzip der Reinheit, sie ist gleichsam das Opfer der zwielichtigen dunklen Machenschaften des Mannes.

Vermeers Vorliebe für Landkarten (vgl. Abb. S. 33), die oft wie die von ihm zitierten Bilder eine besondere Bedeutung haben, kommt in dem hier an der Zimmerrückwand wiedergegebenen Exemplar zum Ausdruck. Die Karte wurde 1620 von Balthasar Florisz. van Berckenrode (1591–1645) entworfen und von Willem Jansz. Blaeu (1571–1638) kurz danach herausgebracht. Die lateinische Inschrift („NOVA ET ACCVRATA TOTIVS HOLLANDIAE WEST-FRISIAEQ(VE) TOPOGRAPHIA") lässt erkennen, dass es sich um die geografische Lage Hollands und Westfrieslands handelt, die entgegen heutiger Kartografie nicht in der Nord-Süd-Achse, sondern, um 90 Grad gewendet, in der West-Ost-Achse wiedergegeben ist.

Landkarten waren um die Mitte des 17. Jahrhunderts nicht nur ein kostspieliger Luxus, sondern auch – und mehr noch – ein Zeichen humanistischen Wissens. Das Zitieren solcher Landkarten hat bei Vermeer oft auch die zusätzliche Funktion eines Hinweises auf aktuelle politische Verhältnisse. Dem entsprechend mag dieses Bild, auf dem ein Offizier erscheint, eine Anspielung auf den englisch-holländischen Krieg (1652–1654) enthalten, in dem der Admiral

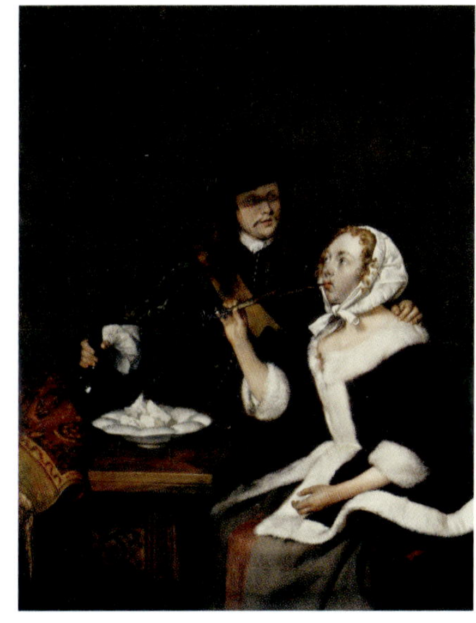

Gerard ter Borch
Ein Kavalier bietet einer Dame Wein an, um 1660
Öl auf Holz, 41,3 x 32,1 cm
London, The Royal Collection,
His Majesty King Charles III

Detail aus ***Das Mädchen mit dem Weinglas*** (Abb. S. 31)

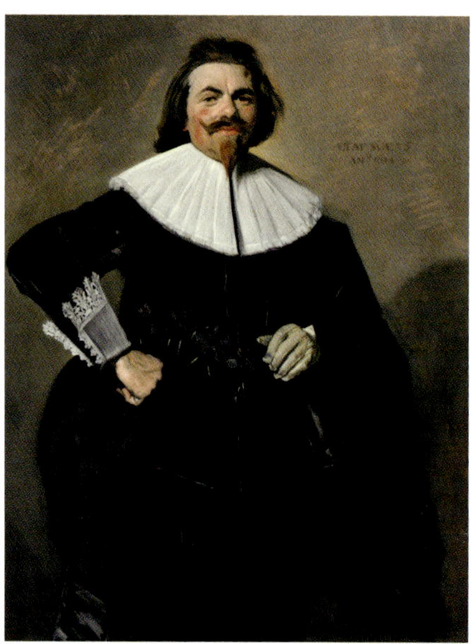

Frans Hals
Tieleman Roosterman, 1634
Öl auf Leinwand, 117 x 87 cm
The Cleveland Museum of Art

Das Bildnis des Hausherrn an der Wand in *Das Mädchen mit dem Weinglas* erinnert an die Porträts von Frans Hals.

Michiel Adriaenszoon de Ruyter große Siege für die Republik der Vereinigten Niederlande errungen hatte.

Im Gegensatz zum Bild *Kavalier und junges Mädchen* (Abb. S. 32) ist bei dem motivverwandten Gemälde *Das Glas Wein* (Abb. S. 34/35) eine größere Distanz der handelnden Personen zum Betrachter festzustellen. Sie werden nicht vom unteren Bildrand überschnitten, was den Eindruck unmittelbarer Nähe erzeugen würde, sondern erscheinen im Mittelgrund des Raumes, bei dessen Gestaltung sich Vermeer, besonders was das Schachbrettmuster des Fliesenfußbodens betrifft, offensichtlich von Pieter de Hooch hat anregen lassen.

Es ist der Mann, der der Frau Wein einschenkt – als Aphrodisiakum, das den Widerstand lösen soll. Seine Hand hält den Griff einer weißen Karaffe umfasst, die als signifikantes Leitmotiv auf mehreren Bildern Vermeers wiederkehrt (vgl. Abb. S. 31, 34/35, 38/39, 47). Hier erscheint sie unübersehbar im Zentrum des Bildes. Der Mann fixiert mit kontrollierendem Blick die junge Frau, die bereits das lichtschimmernde Glas zum Munde geführt hat; fast wie eine Maske verdeckt es halb ihr Gesicht.

Der Situation ist offenbar als „Einstimmung" ein musikalisches Divertimento vorausgegangen, wovon die auf dem Stuhl abgelegte Laute und die Partituren auf dem mit einem Perserteppich belegten Tisch zeugen.

Anders als in dem Gemälde *Kavalier und junges Mädchen* wirkt der Raum hier dunkler, was durch das im unteren Bereich mit einer Holzlade verschlossene, im oberen durch einen Vorhang verhängte Fenster hinten links verursacht wird. Wie bei der *Frau mit Waage* (früher als *Perlenwägerin* bekannt; Abb. S. 61) ist dieses Detail nicht ohne tieferen Sinn. Wahrscheinlich wird damit auf die Bibelstelle Sprüche 4,19 angespielt: „Der Gottlosen Weg aber ist dunkel". Es geschieht hier also etwas, was das Tageslicht zu scheuen hat. In Zedlers *Universal-Lexikon* (Halle/Leipzig 1734, Bd. 8, Sp. 339) wird die Dunkelheit des Raumes mit dem Ehebruch in Verbindung gebracht, unter Hinweis auf Hiob 24,15: „Sie sind gerne im Dunkeln"; „Das Auge des Ehebrechers hat acht auf das Dunkel, und er spricht: ‚Mich sieht kein Auge (...)'".

Dem halb geöffneten Fenster mit seiner Vierpassform kommt ein besonderer moralischer Sinngehalt zu, gleichsam als Kommentar zu der Handlung: Man kann darauf – neben dem Wappen der 1621 verstorbenen Jannetje Vogel, die mit Vermeers Nachbarn Moses J. Nederveen in erster Ehe verheiratet war – ein symbolisches Motiv erkennen, das auf eine Illustration in Gabriel Rollenhagens Emblembuch von 1611 (Abb. S. 34) zurückgeht. Es handelt sich dabei um die Personifikation der Temperantia, der Mäßigung – also einer der Kardinaltugenden mit ihren Attributen Winkelmaß (für rechtes Tun) und Zaumzeug (zur Zügelung der Affekte). Das Fenster liegt genau in der Blickachse der sitzenden Frau, es ist also ihr Gegenüber, das für sie eine mahnende Leitbildfunktion hat.

Das Temperantia-Motiv begegnet ein weiteres Mal auf Vermeers Braunschweiger Bild *Das Mädchen mit dem Weinglas* (Abb. S. 31). Ersichtlich liegt eine ähnliche Thematik vor. Die Situation unterscheidet sich aber vom Berliner Bild *Das Glas Wein* (Abb. S. 34/35) darin, dass nicht ein, sondern zwei Männer anwesend sind. Die Verführung scheint noch intensiver zu sein, der Mann in der Mitte beugt sich herab und redet der etwas schamhaft und unsicher aus dem Bild schauenden Frau in dem eleganten, gebauschten Satinkleid zu. Während die junge Frau auf dem Berliner Bild das Glas bereits zum Munde geführt hat, erscheint ihr Pendant auf dem Braunschweiger Gemälde noch zögernd und schwankend.

Das Mädchen mit dem Weinglas
(Die Dame mit zwei Herren), um 1659/60
Öl auf Leinwand, 78 x 67,5 cm
Braunschweig, Herzog Anton Ulrich-Museum

Der Mann in der Mitte, der sich der den Betrachter fragend anblickenden Frau zuwendet und sie zum Trinken ermuntert, scheint Kupplerdienste für den seitlich im Hintergrund sitzenden Kavalier übernommen zu haben. Das Porträt an der Wand stellt wohl den (real abwesenden, aber im Bild mahnend gegenwärtigen) Ehemann dar, dessen Blick nicht zufällig auf die junge Frau gerichtet ist.

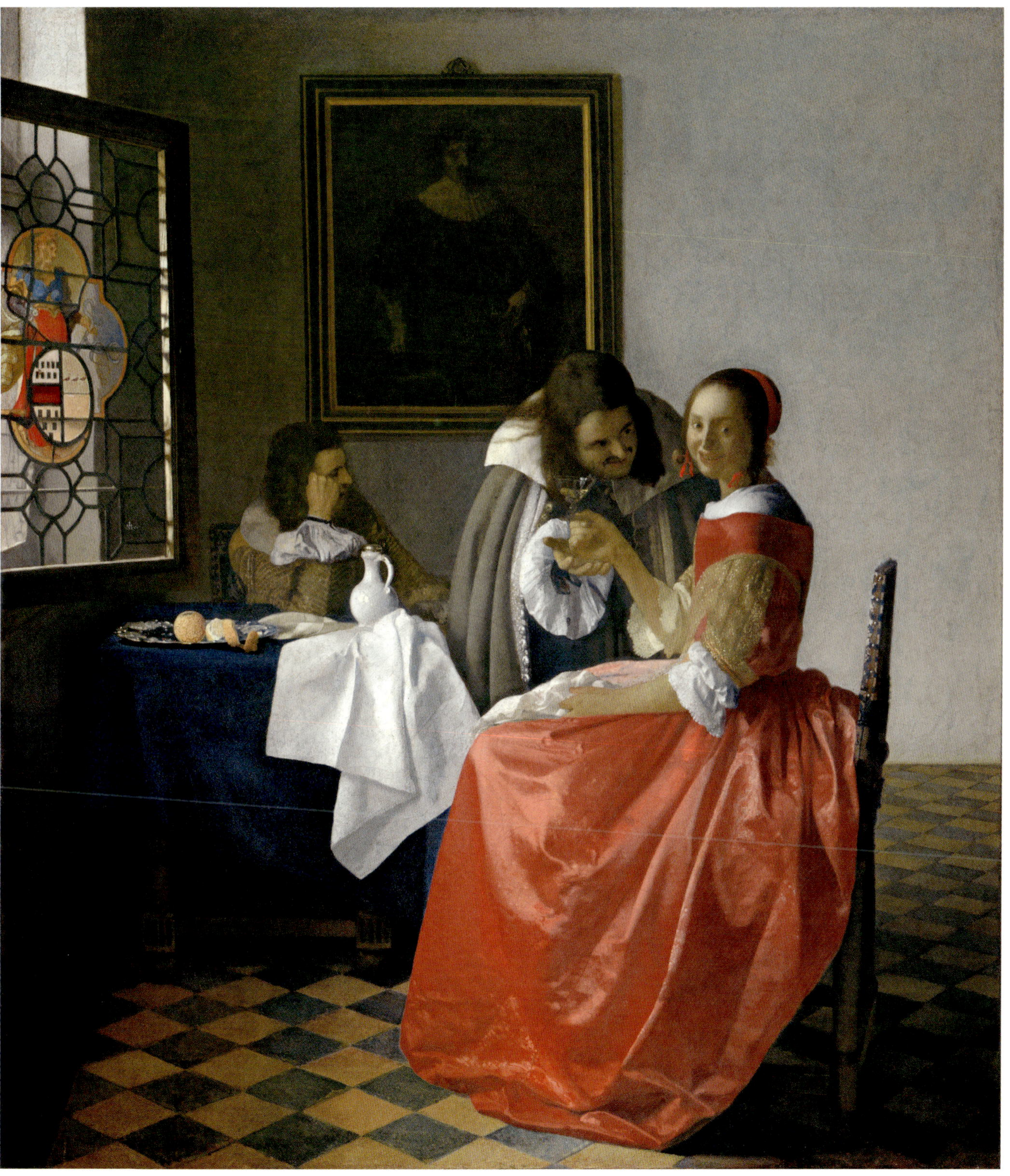

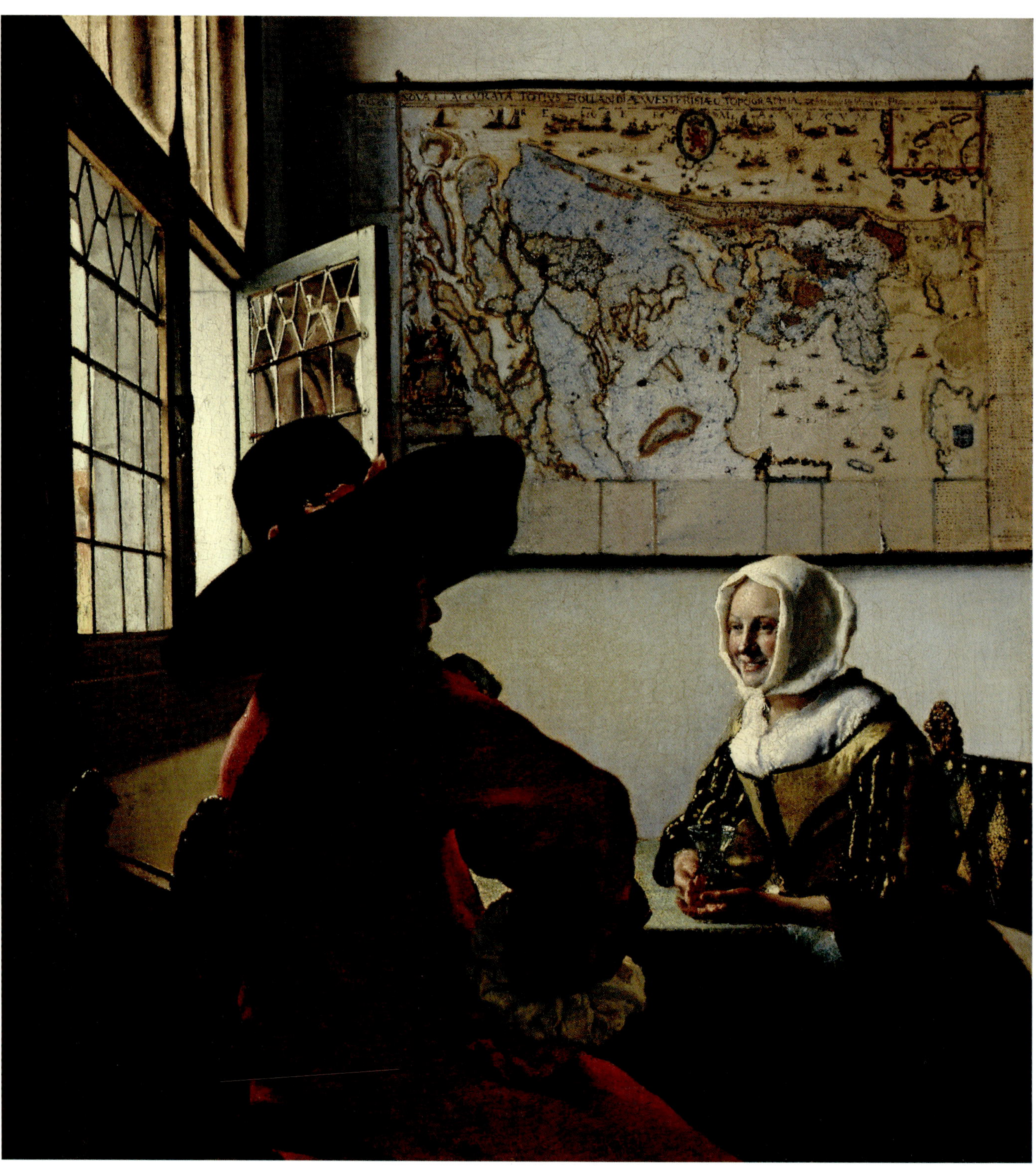

Kavalier und junges Mädchen, um 1657–59
Öl auf Leinwand, 50,5 x 46 cm
New York, The Frick Collection

VON LINKS OBEN NACH RECHTS UNTEN
Details aus ***Die Malkunst*** (Abb. S. 85), ***Die Briefleserin in Blau*** (Abb. S. 52), ***Frau mit Laute*** (Abb. S. 45) und ***Junge Frau mit Wasserkrug*** (Abb. S. 69)

In der Ausstattung seiner bürgerlichen Interieurs zeigt Vermeer eine besondere Vorliebe für Landkarten. Zeugen diese auf der einen Seite vom Reichtum der dargestellten Personen – Landkarten waren im 17. Jahrhundert ein kostspieliger Luxus –, so spielen sie andererseits auch auf den Bildungsstand an. Die Kartografie war zu dieser Zeit noch eine „junge" Wissenschaft, deren Ansehen sich jedoch im stetigen Wachsen befand.

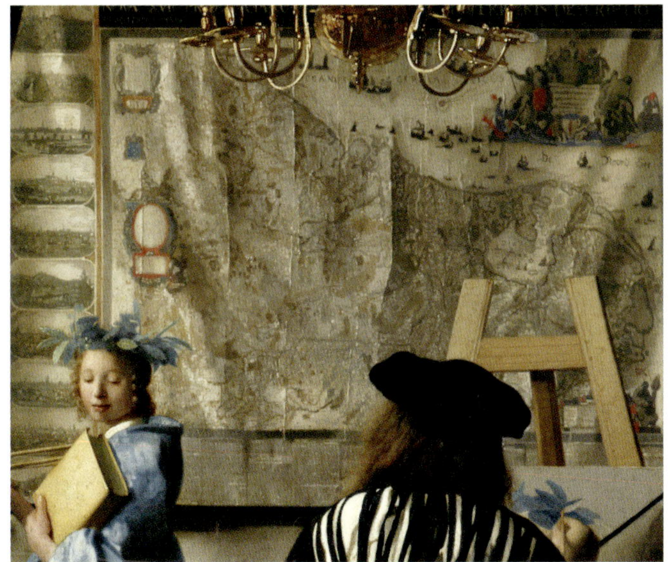

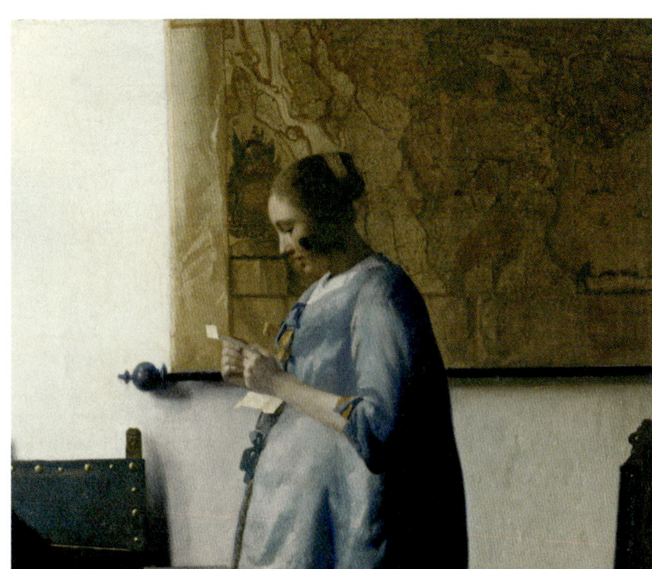

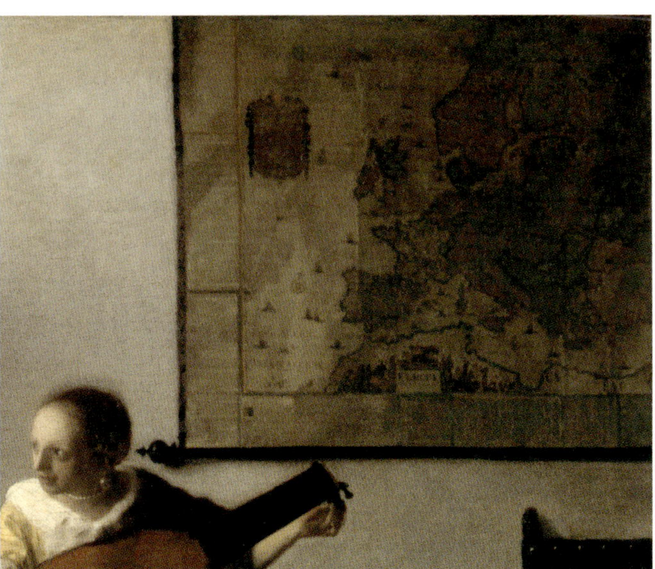

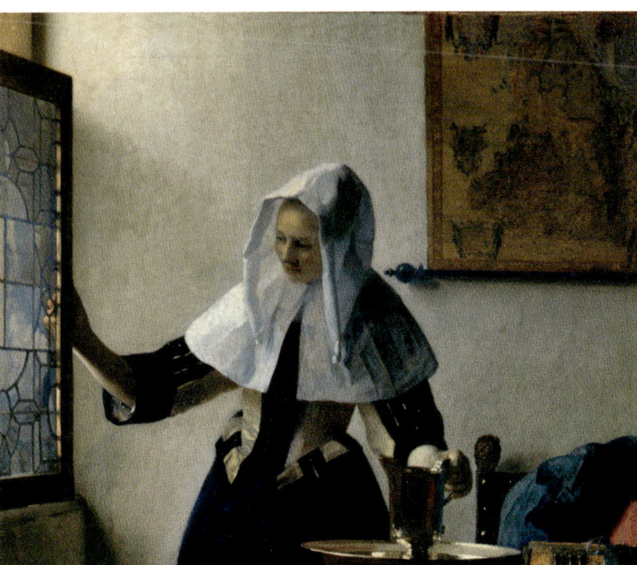

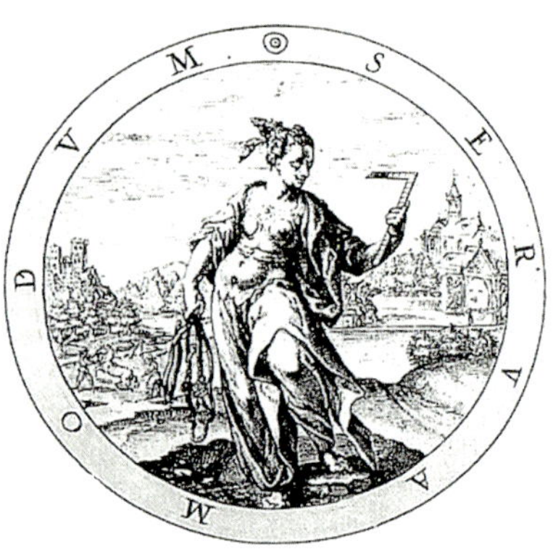

Gabriel Rollenhagen
Serva modum, 1611
Kupferstich, Illustration zur Temperantia in *Nucleus Emblematum*, Köln 1611

Die Inschrift des Emblems lautet: „Serva modum" („Halte Maß"). Der Personifikation der Temperantia (Mäßigung) sind die Attribute Winkelmaß (für rechtes Tun) und Zaumzeug (zur Zügelung der Affekte) beigegeben.

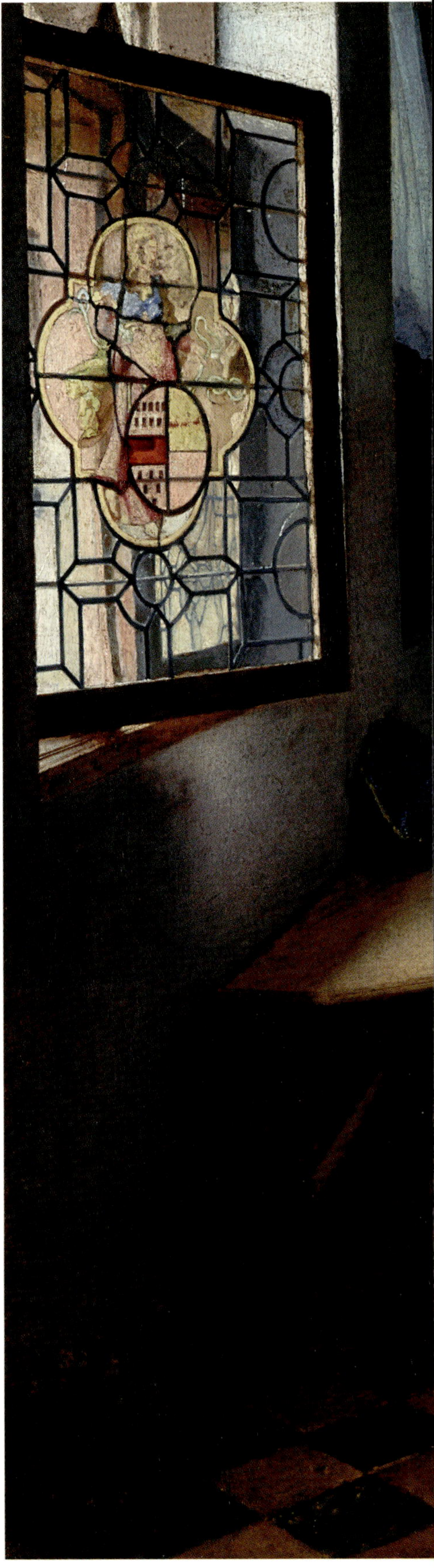

Das Glas Wein, um 1658–66
Öl auf Leinwand, 65 x 77 cm
Berlin, Staatliche Museen zu Berlin, Gemäldegalerie

Wie in dem Gemälde *Das Mädchen mit dem Weinglas* (Abb. S. 31) finden wir bei dieser Verführungsszene ebenfalls das geöffnete Fenster mit der als Mahnung gedachten Allegorie der Mäßigung.

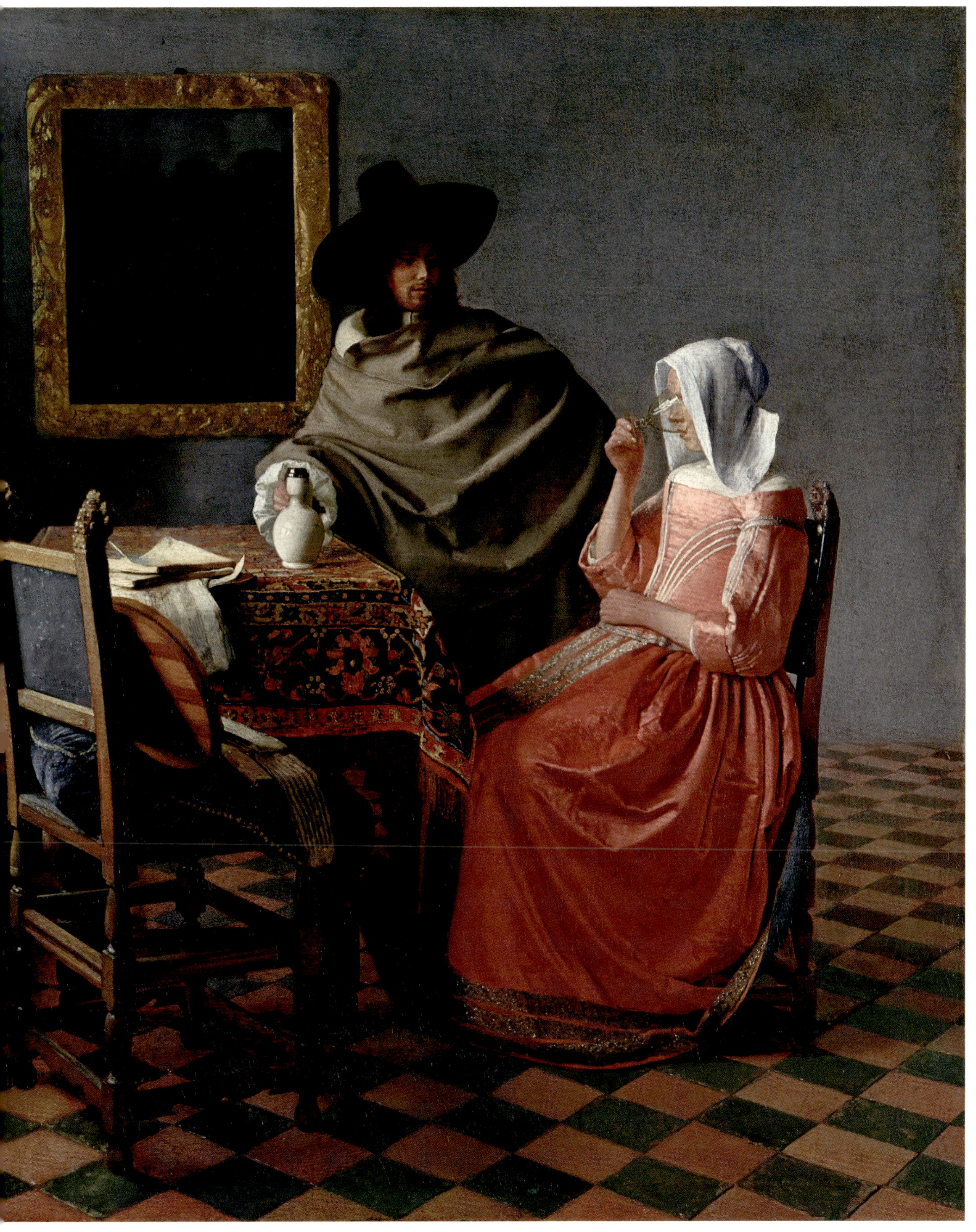

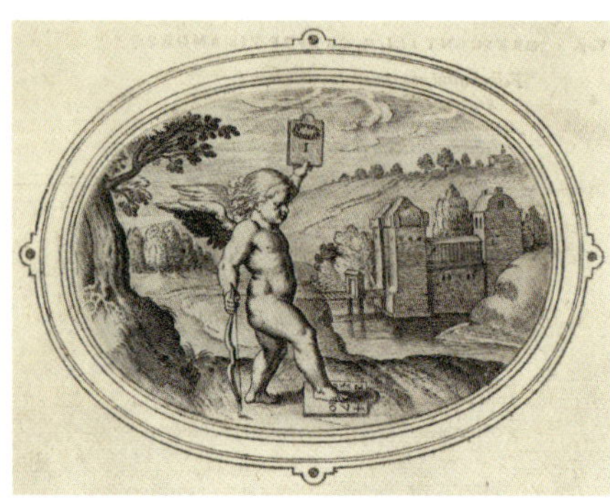

Otto van Veen
Perfectus Amor Est Nisi ad Unum, 1608
Kupferstich, Illustration zu Cupido in
Amorum Emblemata, Antwerpen 1608

Das Emblem trägt das Motto „Vollkommene, wahre Liebe gibt es nur für einen".

Bei dem Getränk muss es sich nicht unbedingt um Wein handeln, es kann auch der in medizinischen Schriften des 17. Jahrhunderts häufig erwähnte „Liebestrank" oder „Buhlertrank" (lat. *poculum amatorium*, frz. *philtre*) sein, dessen Mischung nach Jan Baptista van Helmont eine „Mitwallung des natürlichen Lebensbalsams" bewirkt.[4]

Die Wirkung könne in zwei Richtungen verlaufen: als übersteigerte, unsinnige Liebe und als Zustand lähmender Schwermut. Offenbar hat der am Tisch sitzende Mann, der seinen Kopf in die Hand stützt, auch davon genossen, denn seine Haltung ist die des Melancholikers. Der Mann in der Mitte dürfte zwischen beiden Kupplerdienste leisten, und zwar in Abwesenheit des Ehemannes, denn das Bild an der Wand zeigt das Porträt eines Mannes, der nicht zufällig auf die junge Frau herabblickt. Was hier geschieht, ist die Anbahnung einer heimlichen Liebesbeziehung, „clam et absente marito" („heimlich und in Abwesenheit des Ehemannes"), wie es in juristischen Texten der Zeit heißt, die sich mit dem Problem des Ehebruchs (*adulterium*) befassen.

Die geschälte Orange in *Das Mädchen mit dem Weinglas*, die auf der stilllebenhaft arrangierten Silberschale neben dem in ein weißes Tuch hineingestellten Krug liegt, soll die Wirkung des Liebestrankes mildern.

Die Macht der Musik

War beim Berliner Bild *Das Glas Wein* (Abb. S. 34/35) der Aspekt des Liebestranks bereits mit dem der Musik verbunden, so tritt diese Kombination noch deutlicher in *Die unterbrochene Musikstunde* (Abb. S. 38/39) zutage. Eine junge Frau in roter Jacke und mit weißem Kopftuch hat soeben ihre Laute und das Notenheft auf dem Tisch abgelegt, um sich der Lektüre eines Briefes zuzuwenden, den ihr ein Mann gerade übergeben hat. Fragend blickt sie aus dem Bild, unsicher, ob sie diese heimliche Botschaft – es ist wahrscheinlich ein Liebesbrief – lesen soll. Dass es sich wieder um ein erotisches Thema handelt, legt die kaum erkennbare Szene auf dem verblassten Bild an der Rückwand nahe, das ein Gemälde von Caesar van Everdingen wiedergibt. Dargestellt ist darauf ein Putto bzw. Cupido mit einem hochgehaltenen Liebesbillet.

Dieses Bild im Bild taucht auch auf einem anderen Werk Vermeers auf, nämlich auf dem der *Stehenden Virginalspielerin* (vgl. Detail S. 37 u. Abb. S. 42). Everdingens Bild geht auf ein Emblem von Otto van Veen zurück (Abb. S. 36), welches das Motto „Perfectus Amor Est Nisi ad Unum" („Vollkommene, wahre Liebe gibt es nur für einen") trägt. Die junge Frau ist hier also dabei, die gesellschaftlich von ihr erwartete Treue zu ihrem Gatten zu brechen. Der Vogelkäfig an der Wand deutet an, wie sie sich eigentlich zu verhalten habe: In der Emblemliteratur, etwa bei Daniel Heinsius (*Emblemata amatoria*, Leiden 1615), ist das Vogelbauer ein Sinnbild für die freiwillige Gefangenschaft in der Liebe. Das Motto bei Heinsius lautet: „Weil ich mich selbst gebunden habe" („Perch' io stesso mi strinsi").[5]

Die Verbindung von Liebe und Musik ist auch zentrales Thema des Londoner Bildes *Die Musikstunde* (Abb. S. 47). Alles wirkt hier aber verhaltener, vornehmer. Die Handlung ist in ein großbürgerliches Interieur verlegt. Sie spielt sich nicht nahansichtig ab, sondern in größerer Entfernung zum Betrachter, im Hintergrund, an der Rückwand des Raumes, an dem ein Virginal steht, dessen schmale Tastatur eine junge Frau in zinnoberrotem Rock mit weißer Bluse und schwarzem Überkleid bespielt. Sie ist in Rückenansicht dargestellt, wirkt somit anonym, aber im Spiegel über dem Instrument kann man ihr Gesicht sehen, das – anders, als die Rückenansicht vermuten lässt – zur Seite blickt, und zwar zu dem jungen Mann in dem vornehm schwarzen Gewand mit weißem Spitzenkragen, weißen Manschetten und den gesellschaftliche Vorrangstellung andeutenden Würdezeichen der Schärpe und des Degens.

Röntgenuntersuchungen des Bildes ergaben, dass Vermeer ursprünglich den Kopf der Frau stärker dem Manne zugewandt sein ließ. Es kennzeichnet das Bemühen des Künstlers um Ausponderierung, um Rücknahme allzu offensichtlicher Anspielungen, dass er nachträgliche Korrekturen vornahm, die der Szene einen bedeutungsmäßig offenen Charakter verleihen. So erfahren hier die optischen Reize des Bildes eine besondere Steigerung. Das betrifft nicht nur die gedämpften Farbakkorde, sondern noch mehr die geometrischen Strukturen, die von konstitutiver Bedeutung für die Komposition sind. Wie auf vielen seiner Gemälde geht Vermeer auch hier so vor, dass er rahmenparallele, waagerechte Elemente stark akzentuiert, so etwa bei den Deckenbalken, den oblongen Rechtecken der einzelnen Teile des Virginals, dem Spiegel und dem Bild rechts sowie schließlich in der Oberkante des vorn wie eine Barriere aufgebauten Tisches mit seinem schweren, bis zum Boden reichenden Perserteppich (auf dem wieder die schon bekannte weiße Karaffe auf dem uns ebenfalls vertrauten Silberteller steht). Auch das rautiert erscheinende Fliesenmuster aus schwarzen, sich kreuzenden Diagonalstreifen mit ausgesparten marmoriert-weißen Binnenfeldern ist eine Huldigung an die Geometrie.

Wieweit Vermeer geometrische Strukturen bereits bewusst als Kompositionselemente eingesetzt hat – die Forschung neigt dazu, in Bildern wie diesen prämondrianeske Tendenzen zu erkennen –, muss dahingestellt bleiben. Auffallend ist jedoch, dass nach der Mitte des 17. Jahrhunderts in Philosophie und Wissenschaft die Geometrie an Bedeutung gewinnt. Es sei hier nur an den Untertitel von Spinozas *Ethik* erinnert, der „ordine geometrico demonstrata" („nach geometrischer Ordnung angelegt") lautet. Das Geometrie-Ideal stand in dieser Zeit des Aufschwungs der exakten Wissenschaften für Klarheit und Überprüfbarkeit, für methodische Strenge der Beweisführung. Seine Vorgeschichte lässt sich bis in die Antike, zum Beispiel bis Pythagoras, zurückverfolgen. Geometrie und Musik galten damals als eng miteinander verwandt, da beide an kosmologische Gesetze rührten.

Das Virginal und die am Boden quer in den Raum gelegte Viola da Gamba auf Vermeers Bild stellen gewiss in einer Nebenbedeutung eine Reminiszenz an die Harmonie des Kosmos dar. Zugleich aber wird der Musik auch eine therapeutische Funktion zugesprochen, wie die Inschrift auf dem hochgeklappten Virginaldeckel verdeutlicht: „MVSICA LETITIAE CO[ME?]S / MEDICINA DOLOR[VM?]" („Musik ist eine Begleiterin der Freude, ein Heilmittel der Schmerzen"). Hier konnte man sich auf Pythagoras berufen, der angeblich gesagt hatte, dass die Harmonien der Musik die Gemütsbewegungen mäßigen und zähmen könnten, also Einfluss auf die Affekte hätten.

Bei dem Bild *Das Konzert* (Abb. S. 40) finden wir wieder die Distanzierung des Geschehens zum Betrachter durch seine Plazierung in den Bereich nahe der Rückwand, an der zwei Bilder hängen: eine pastorale Landschaft und das bei Vermeer häufig zitierte Bild der *Kupplerin* des Utrechter Caravaggisten Dirck van Baburen (Abb. S. 22 unten). Eng an die Wand gerückt ist das Kielflügel-Cembalo, an dessen Manual-Schmalseite eine im Profil dargestellte junge Frau spielt. Sie wird begleitet von einem Laute spielenden Mann (man sieht vom Instrument nur den abgeknickten Wirbelkasten), der, in Rückenansicht der Längsseite des Cembalos mit dem arkadischen Landschaftsmotiv auf dem hochgeklappten Deckel zugewandt, auf einem schräg in den Raum gestellten

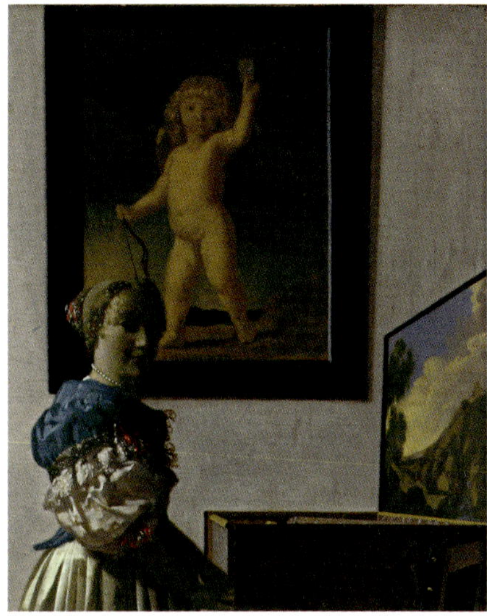

Detail aus ***Stehende Virginalspielerin***
(Abb. S. 42)

Vermeer gibt in seiner Kunst immer wieder Interpretationshinweise. Ein Cupido mit Spielkarte als Bild im Bild weckt beispielsweise Zweifel an der Jungfräulichkeit der dargestellten Person.

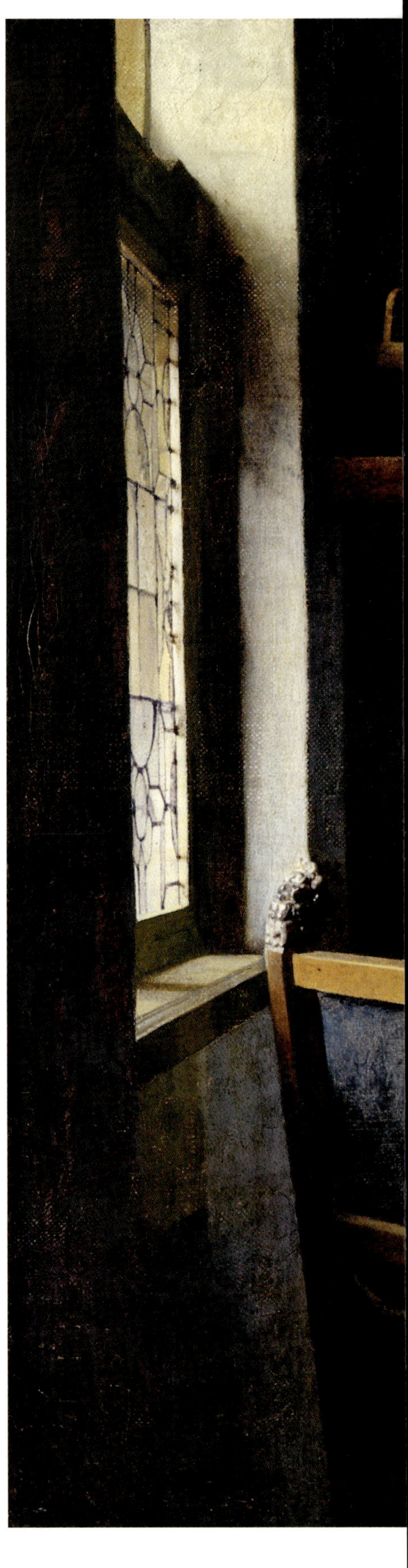

Die unterbrochene Musikstunde, um 1659–61
Öl auf Leinwand, 39,3 x 44,4 cm
New York, The Frick Collection

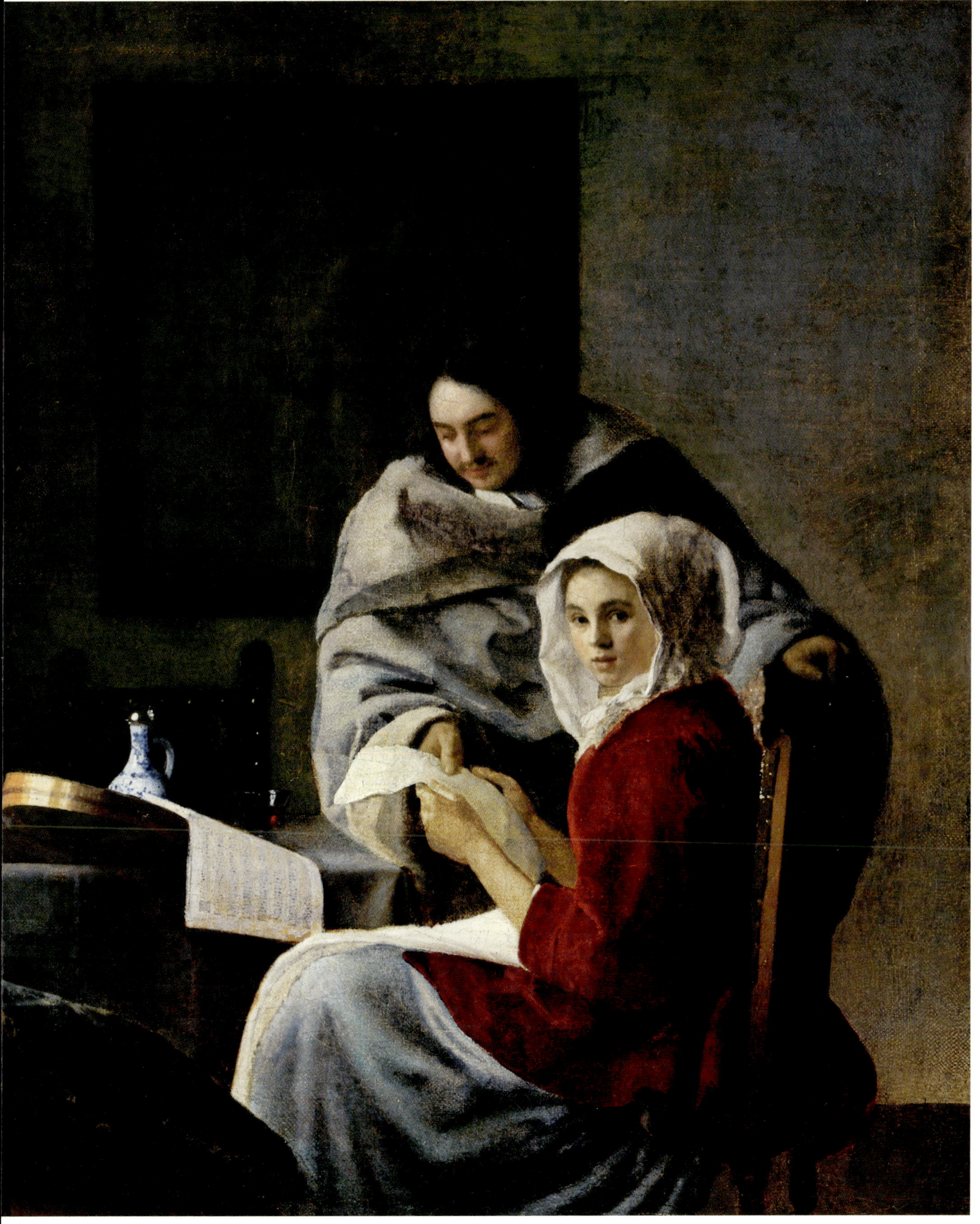

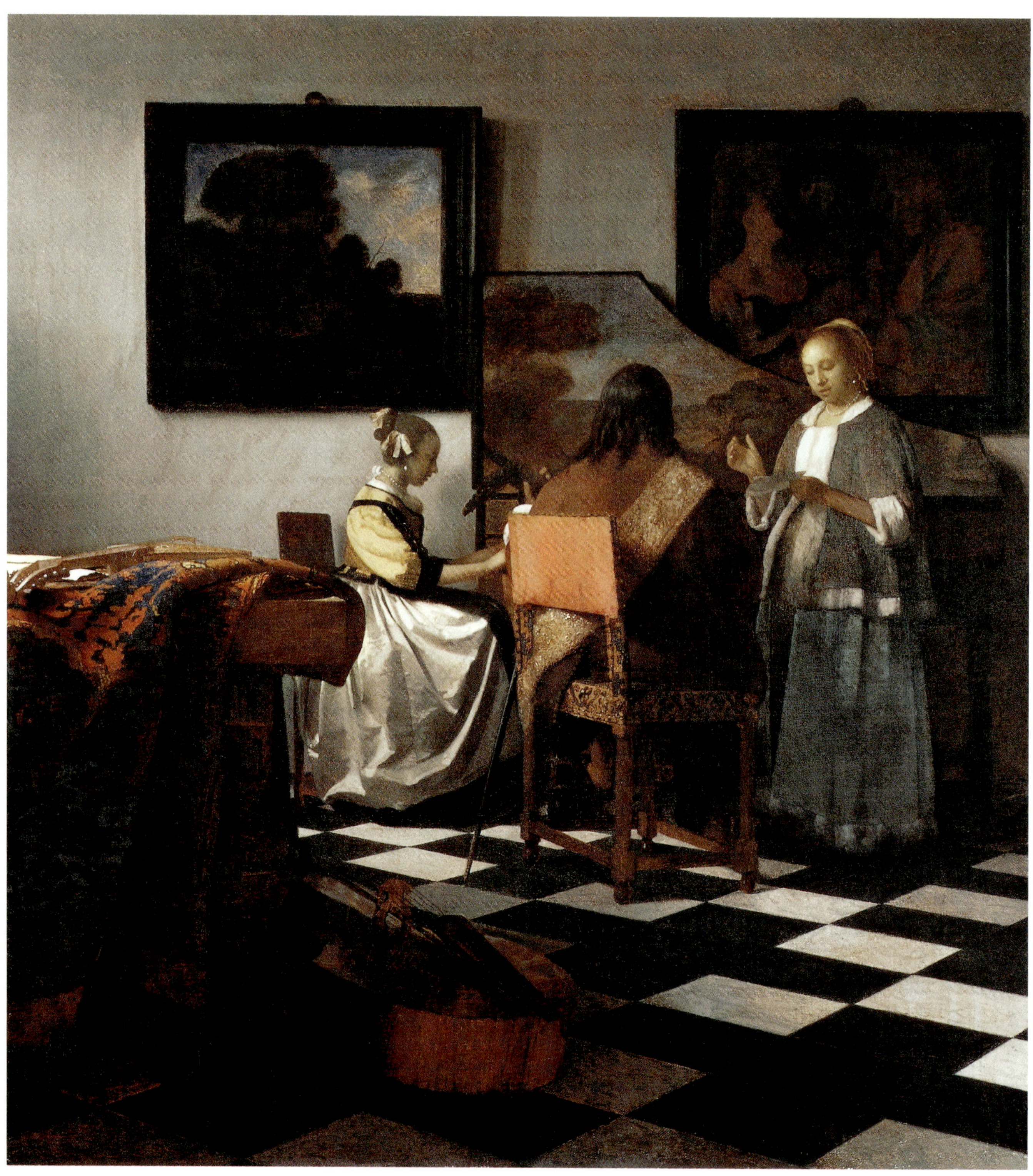

Stuhl sitzt, und einer stehenden, etwas älteren Frau, die den Gesangspart übernommen hat. Weitere Musikinstrumente erscheinen stilllebenhaft auf dem schweren Eichentisch links und am Fußboden. Vermeer hat eine Vorliebe für Saiteninstrumente (auch das Clavichord gehört dazu), die im Sinne einer alten Tradition Sinnbilder musikalischer Proportionen und Harmonien waren.

Im Altertum stand das Saiteninstrument der Kithara in hohem Ansehen. Als vornehmes Instrument war es dem Gott Apoll geweiht, im Gegensatz zu der wegen ihrer Auslösung orgiastischer Stimuli als primitiv bewerteten Flöte (*Aulos*), die Dionysos geweiht war. Diese Musikvorstellungen waren im 17. Jahrhundert, vermittelt über die humanistische Tradition, noch geläufig. Eine Rolle spielte auch die Theorie der durch die Musik ausgelösten Affekte, wie sie, ältere Auffassungen zusammenstellend, Johannes Tinctoris (1435–1511) formuliert hatte. Danach hat die Musik nicht nur die Aufgabe, Gott zu lobpreisen, sondern auch die Trauer zu vertreiben, den irdischen Geist zu erheben, Kranke zu heilen, die Liebe anzulocken und das Zusammenleben angenehmer zu gestalten. Die beiden letztgenannten Aspekte sind es vor allem, auf die bei Vermeer und anderen niederländischen Genremalern (wie Gerard ter Borch) mit solchen Hauskonzert-Szenen angespielt wird.

Neben Duetten und Terzetten hat Vermeer auch mehrfach das Sujet des musikalischen Solos gemalt. Die Handelnden sind hier durchweg Frauen. In die Spätphase (um 1670–1672) wird seine *Stehende Virginalspielerin*, die Thoré-Bürger erwarb, datiert (Abb. S. 42). Der Raumausschnitt ist hier relativ schmal. An der Wand hängen wieder zwei Bilder, eine kleine goldgerahmte Landschaft (vielleicht von Allaert van Everdingen oder Jan Wijnants) und Caesar van Everdingens Cupido, der bereits auf dem Bild *Die unterbrochene Musikstunde* (Abb. S. 38/39) als „Clavis interpretandi“ begegnete.

Cupido hält eine Karte hoch, und diese witzige Geste ist eindeutig auf die junge, ahnungslos wirkende Frau gemünzt. Sie erinnert strukturell an die feixenden Figuren auf niederländischen Genrebildern, deren „Opfer“ nichts davon bemerken, da die Geste nur der Verständigung mit dem Betrachter dient. Derlei Gebärden waren der Aufführungspraxis von Komödien und Possen entlehnt, in der pointenreiche, handlungsüberspringende Hinweise und Bemerkungen an das Publikum üblich waren. Es wurde schon darauf hingewiesen, dass über Everdingens Bild ein Emblem von Otto van Veen (Abb. S. 36) zitiert wird, wonach es vollkommene Liebe nur für einen – natürlich den Ehemann – gibt. Das Instrument, das die Frau spielt, ein Virginal, nimmt vom Namen her Bezug auf ihren Jungfrauenstand, der freilich durch Cupido ein wenig ironisch infrage gestellt wird.

Das Thema der Jungfräulichkeit beschäftigte die Autoren volkspädagogischer und juristischer Abhandlungen in dieser Zeit sehr stark. In einer Gesellschaft mit zunehmend patriarchalischen Strukturen wurde eifersüchtig darüber gewacht, dass die Frau unberührt in die Ehe gehe. Neben diesem offiziellen Normendiskurs gab es aber stets die Einsicht, dass solche strengen Sittenvorstellungen wenig mit der Realität in Einklang standen. Gerade die niederländischen Genremaler, die ihre Bilder unter Berufung auf die antike Autorität eines Cicero als visualisierte Komödien auffassten, meldeten mit ihren Darstellungen, die einerseits die herrschende Moral thematisieren, sie aber andererseits ironisch unterlaufen, Skepsis an.

Vermeers zweites Bild einer Frau am Virginal (Abb. S. 43), das die stilkritische Forschung in die letzte Phase seines Schaffens rückt, weist ähnliche Zusammenhänge wie die *Stehende Virginalspielerin* (Abb. S. 42) auf. Das Mädchen,

Das Konzert, um 1663–66
Öl auf Leinwand, 72,5 x 64,7 cm
Boston, Isabella Stewart Gardner Museum
(derzeitiger Aufbewahrungsort unbekannt; im März 1990 zusammen mit 11 weiteren Kunstwerken aus dem Museum geraubt und seither nicht wieder aufgetaucht)

Die pastoralen Landschaften auf dem Bild an der Wand und auf dem Virginaldeckel sowie das Gemälde der *Kupplerin* von Dirck van Baburen (Abb. S. 22 unten) deuten den erotischen Kontext der Szene an.

SEITE 42
Stehende Virginalspielerin (Junge Frau an einem Virginal stehend), um 1670–72
Öl auf Leinwand, 51,8 x 45,2 cm
London, The National Gallery

Der Name des Musikinstruments spielt auf die Jungfräulichkeit des Mädchens an. In den Niederlanden des 17. Jahrhunderts wurde streng darüber gewacht, dass die Frau unberührt in die Ehe ging. Der Cupido im Hintergrund scheint sich über diese Moral eher lustig zu machen.

SEITE 43
Sitzende Virginalspielerin (Junge Frau an einem Virginal sitzend), um 1672–75
Öl auf Leinwand, 51,5 x 45,6 cm
London, The National Gallery

Die an das Virginal angelehnte Viola da Gamba lässt darauf schließen, dass sich im Raum vor nicht allzulanger Zeit noch eine andere Person aufgehalten hat.

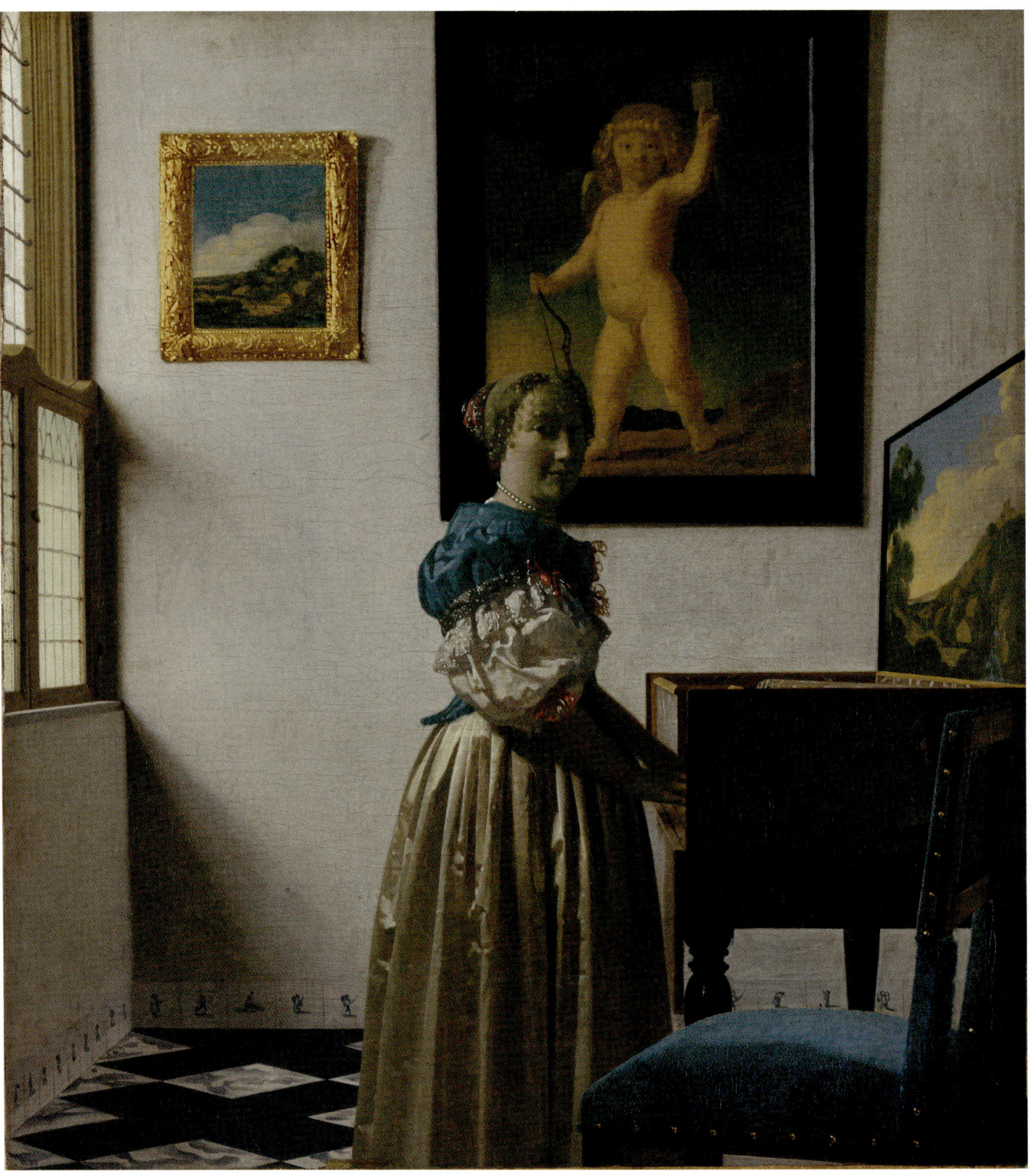

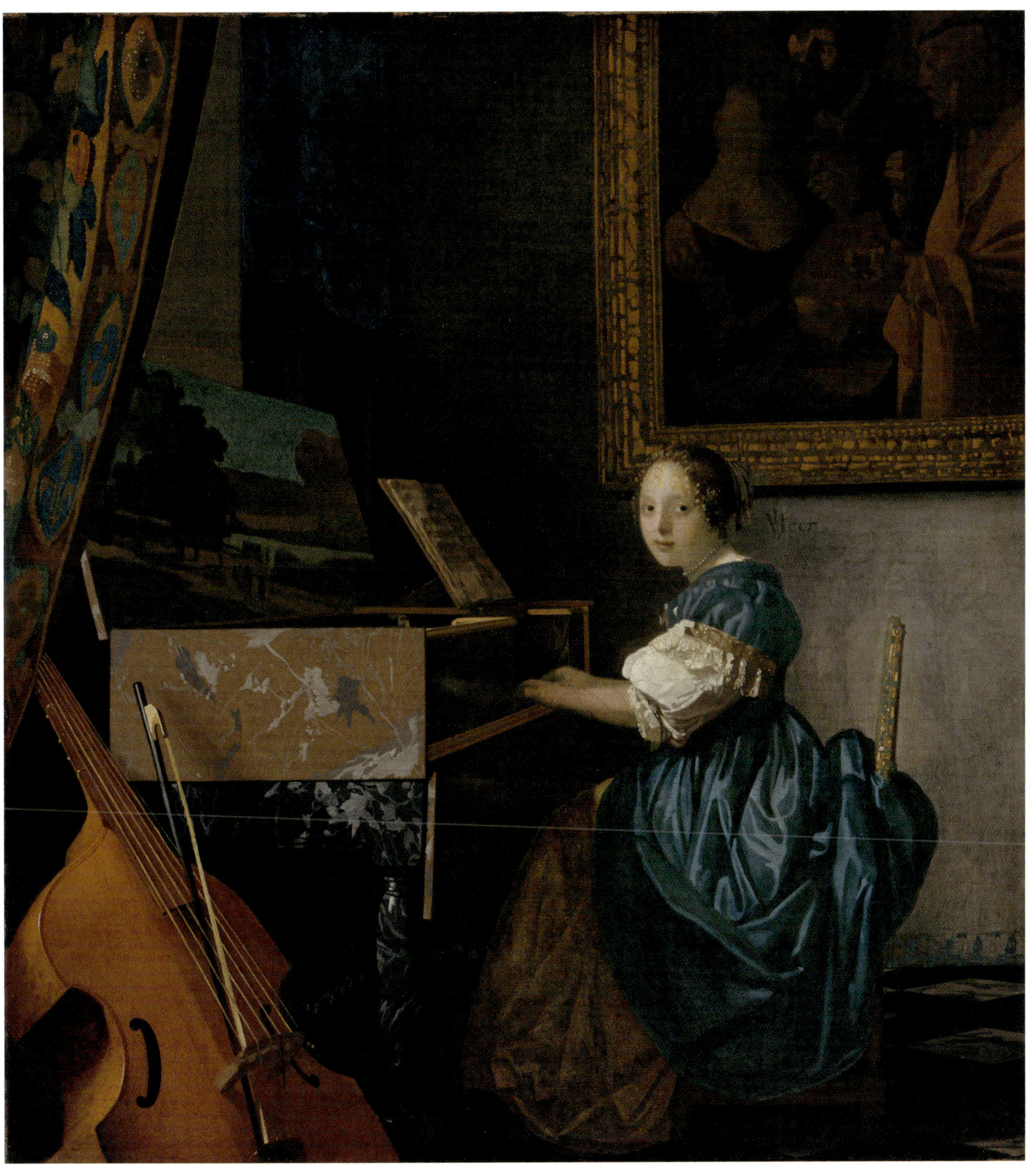

Frau mit Laute, um 1662–64
Öl auf Leinwand, 51,4 x 45,7 cm
New York, The Metropolitan Museum of Art, Bequest of Collis P. Huntington, 1900

Die Perle und das Perlenhalsband wurden 1944 bei einer Reinigung des Bildes freigelegt. Sie funkeln nun im hereinscheinenden Licht auf.

dessen Kopf und Arme sehr schematisch gemalt sind (auch die Draperien erscheinen als nur gering differenzierte Farbflächen mit grob aufgesetzten Lichthöhungen), sitzt am Virginal und blickt ebenfalls seitwärts auf den Betrachter. Die an das marmorierte Cembalo angelehnte Viola da Gamba im Vordergrund lässt darauf schließen, dass sich im Raum zuvor noch eine andere Person aufgehalten hat, dass also ein von Tändelei nicht freies Duett stattgefunden hat. Dirck van Baburens *Kupplerin* an der Wand akzentuiert drastisch diesen Sachverhalt. Das mit einem blauen Vorhang verhängte Fenster bewirkt eine Verdunkelung der Raumecke, die besagen soll, dass das heimliche Treffen das Licht der Außenwelt zu scheuen hat.

Etwas verhängt ist auch das Fenster auf dem Bild der *Frau mit Laute* (Abb. S. 45). Nur im unteren Teil, unterhalb des Vorhangs, fällt etwas Licht ein, das bei der jungen Frau das Gelb des rechten Ärmels und einen Teil des Kragens hell aufleuchten lässt. Auch die Stirn erscheint durch das indirekte Licht stark modelliert. Die als Ohrschmuck dienende Perle (sie wurde 1944 bei einer Reinigung des Bildes wieder freigelegt) und das Perlenhalsband funkeln auf.

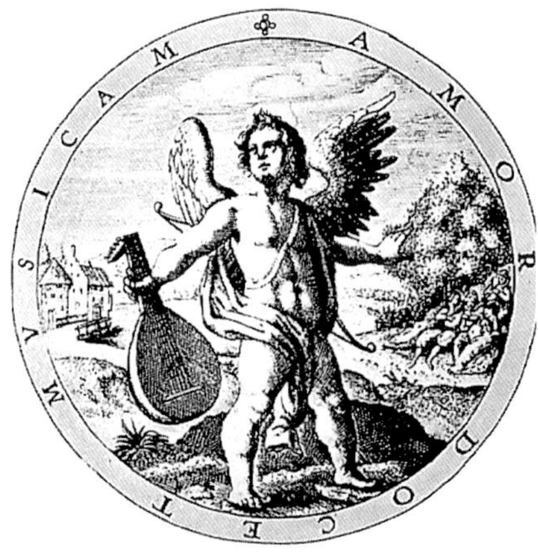

Crispin de Passe
Amor Docet Musicam
Radierung für Gabriel Rollenhagens *Nucleus Emblematum*, Köln 1611

Auch in volkstümlichen Darstellungen wurde Amor mit der Laute, dem Instrument der Liebe, gezeigt.

Das Mädchen sitzt hinter einem Tisch, vor dem ein stark silhouettiert erscheinender Stuhl steht. Es scheint sein Instrument zu stimmen. Dabei beugt es sich ein wenig vor, den Kopf lauschend zur Seite gewendet, um die Klanggenauigkeit zu prüfen. Die Laute galt seit der Renaissance in symbolischen Darstellungen als Attribut oder Zeichen der Musik schlechthin, mitunter figurierte sie auch für das Gehör als einen der fünf Sinne. Als „leises" Instrument eignete es sich fast ausschließlich für den Raum, kaum für Freiluftkonzerte. Es war vorzugsweise dem privaten Solospiel vorbehalten, hatte also durchaus intimen Charakter.

Gleiches galt für die Gitarre, die das Hauptmotiv eines späten Bildes Vermeers ist, *Die Gitarrenspielerin* (Abb. S. 46). In dem ebenfalls leicht verdunkelten Raum, in dessen hinterer Ecke auf einem Tisch ein Stapel Bücher liegt, widmet sich eine junge Frau dem Spiel dieses Zupf- und Schlaginstruments. Die Ausübung dieses Divertimento geschieht wohl zur Anregung von Vorstellungen und Gefühlen der Liebe. Sie steht offensichtlich im Gegensatz zur Lektüre der Bücher, die dadurch versäumt wird. Welcher Art die Bücher auf Vermeers Gemälde der Gitarrenspielerin sind, lässt sich nicht klar ausmachen; es dürfte sich dabei aber wohl um geistliche Lektüre (Bibel und Katechismen) handeln, die jungen Frauen von der Hausväterliteratur als moralische Richtschnur anempfohlen wurde.

Noch einmal hat Vermeer ein Mädchen mit einem Instrument isoliert gemalt, in *Mädchen mit Flöte* (Abb. S. 73). Es hält in der Linken eine Flöte. Auch hier ist durch das Instrument ein erotischer Kontext evoziert. Denn in der Geschichte von Herkules am Scheidewege (Xenophon, *Memorabilia* 2,1–22), die in der Malerei der Renaissance immer wieder dargestellt wurde – es geht dort um den Gegensatz von Tugend und Laster –, galt die Flöte als Symbol der Sinnlichkeit. Wie schon erwähnt, war sie dem Kult des Dionysos oder Bacchus, dem Gott des Weines und der entfesselten Libido, geweiht.

SEITE 46
Die Gitarrenspielerin, um 1669–72
Öl auf Leinwand, 51,4 x 45 cm
London, Kenwood House,
The Iveagh Bequest

SEITE 47
Die Musikstunde, um 1662–64
Öl auf Leinwand, 74 x 64,5 cm
London, Royal Collection,
His Majesty King Charles III

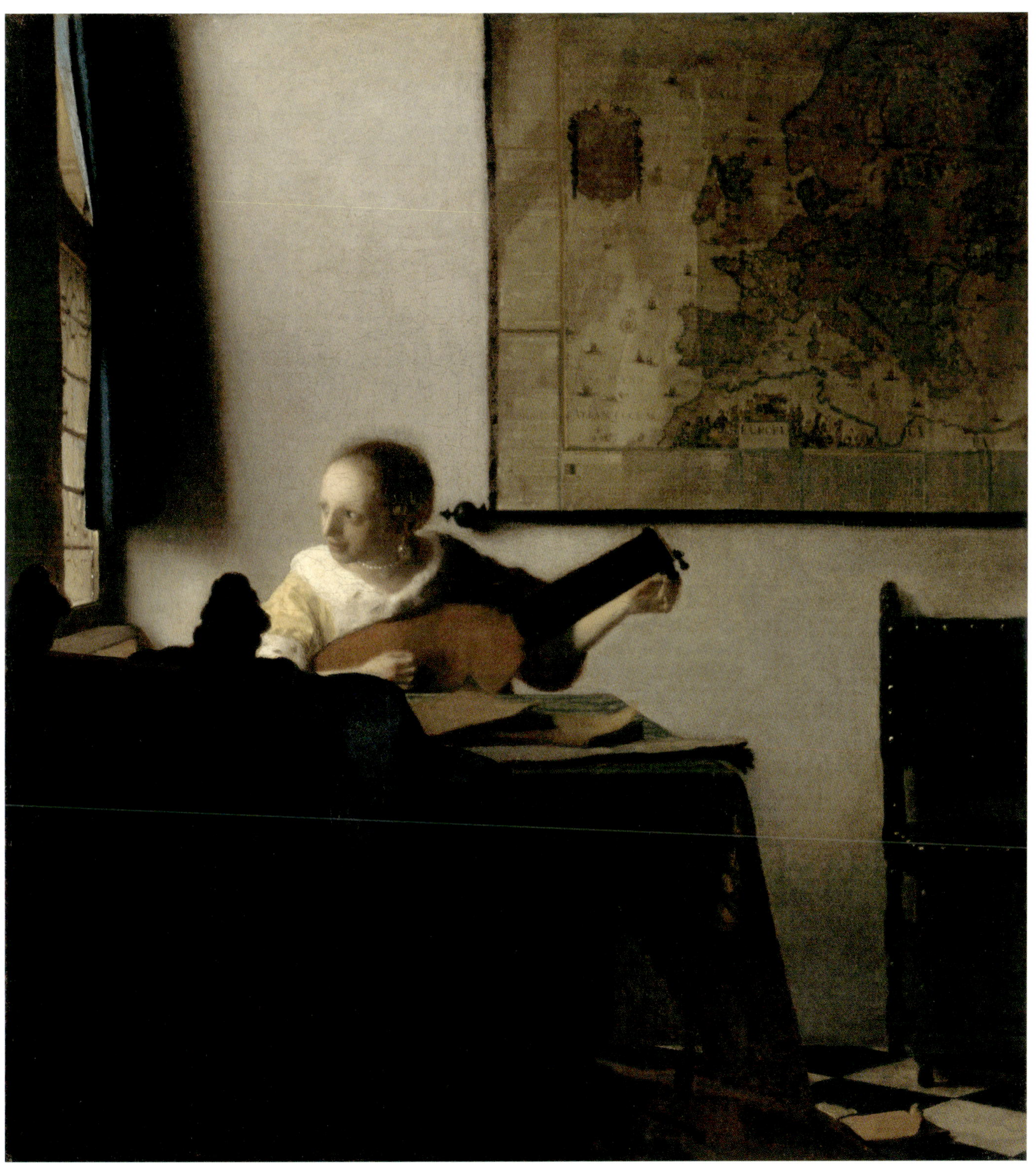

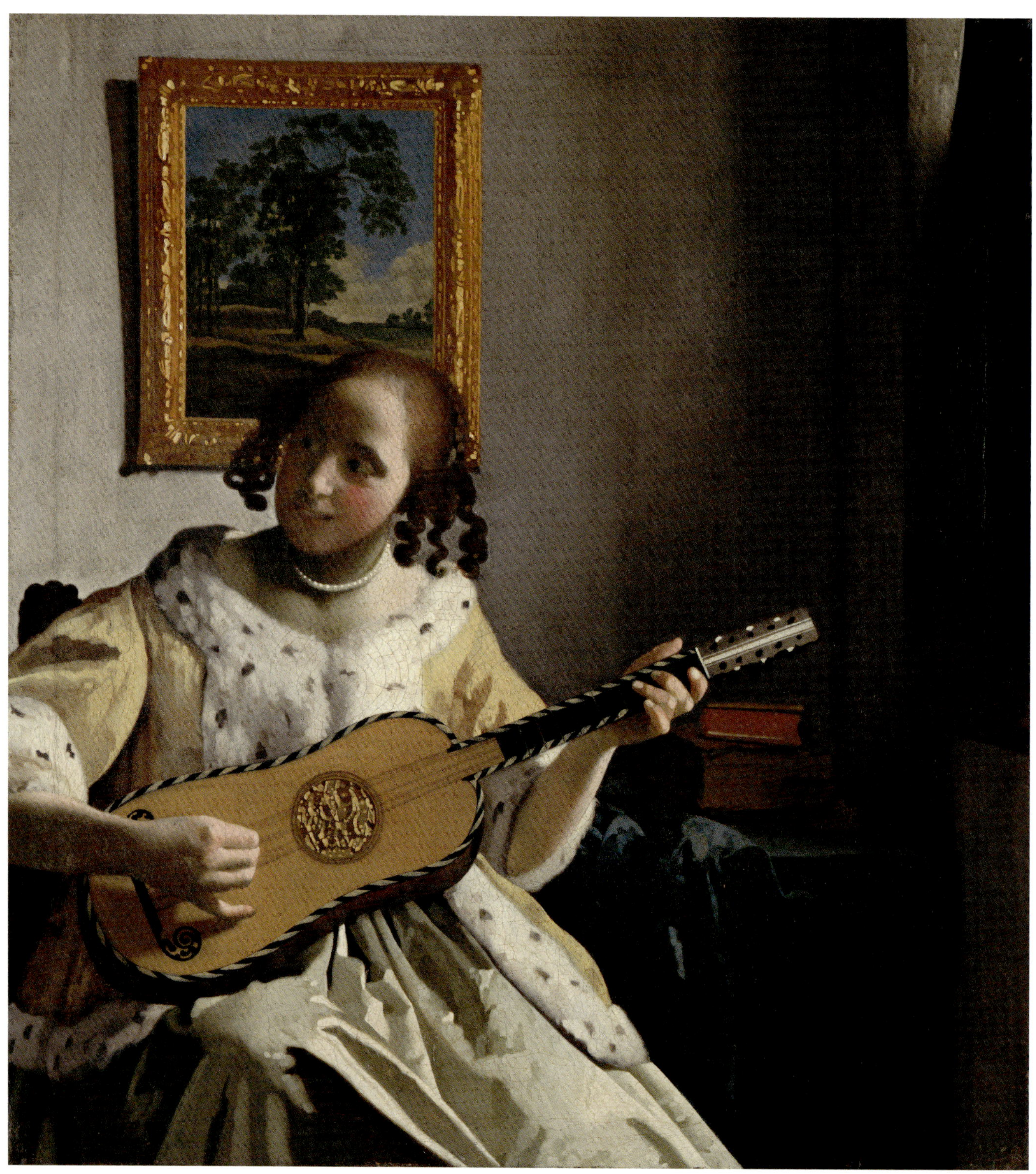

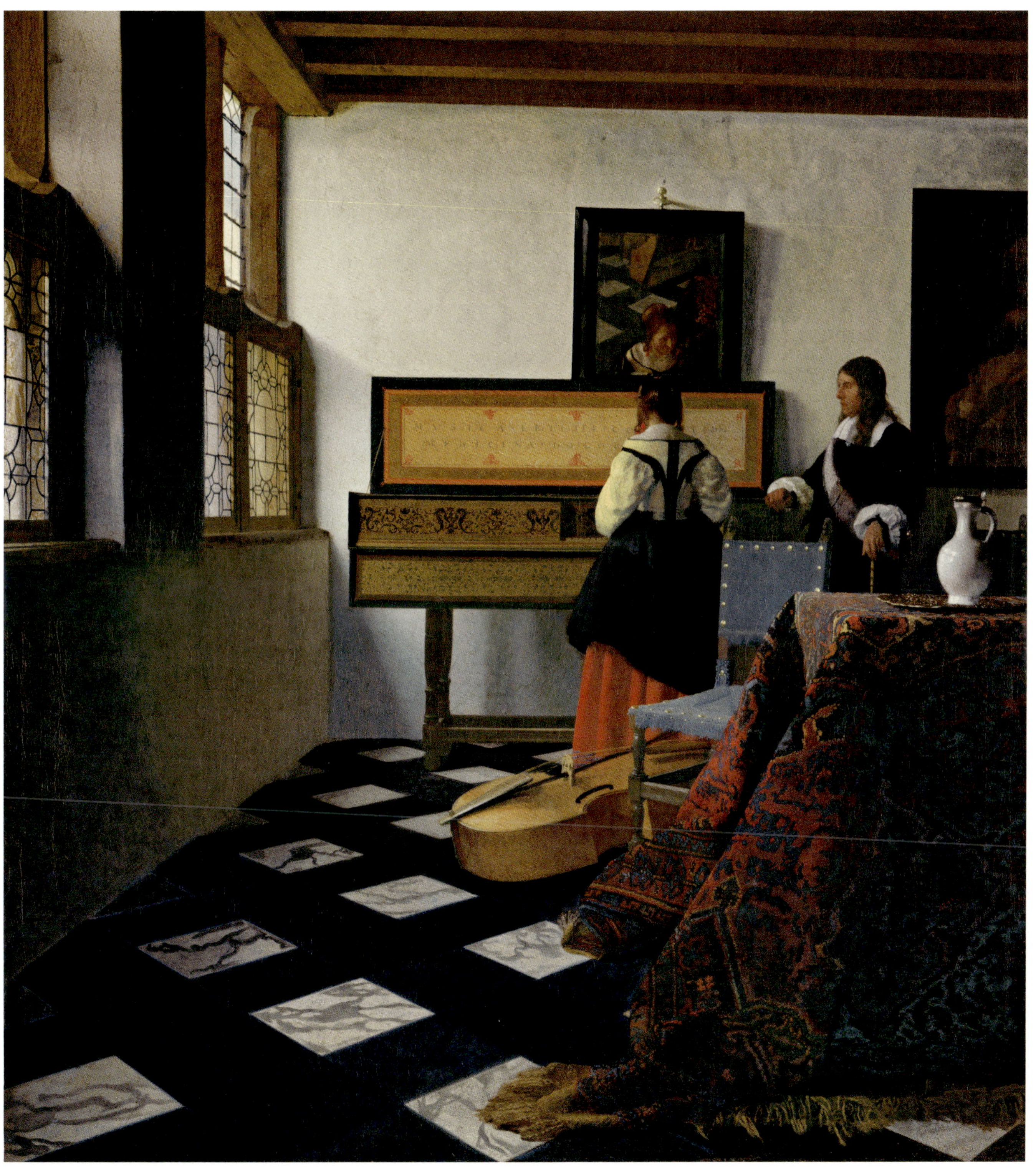

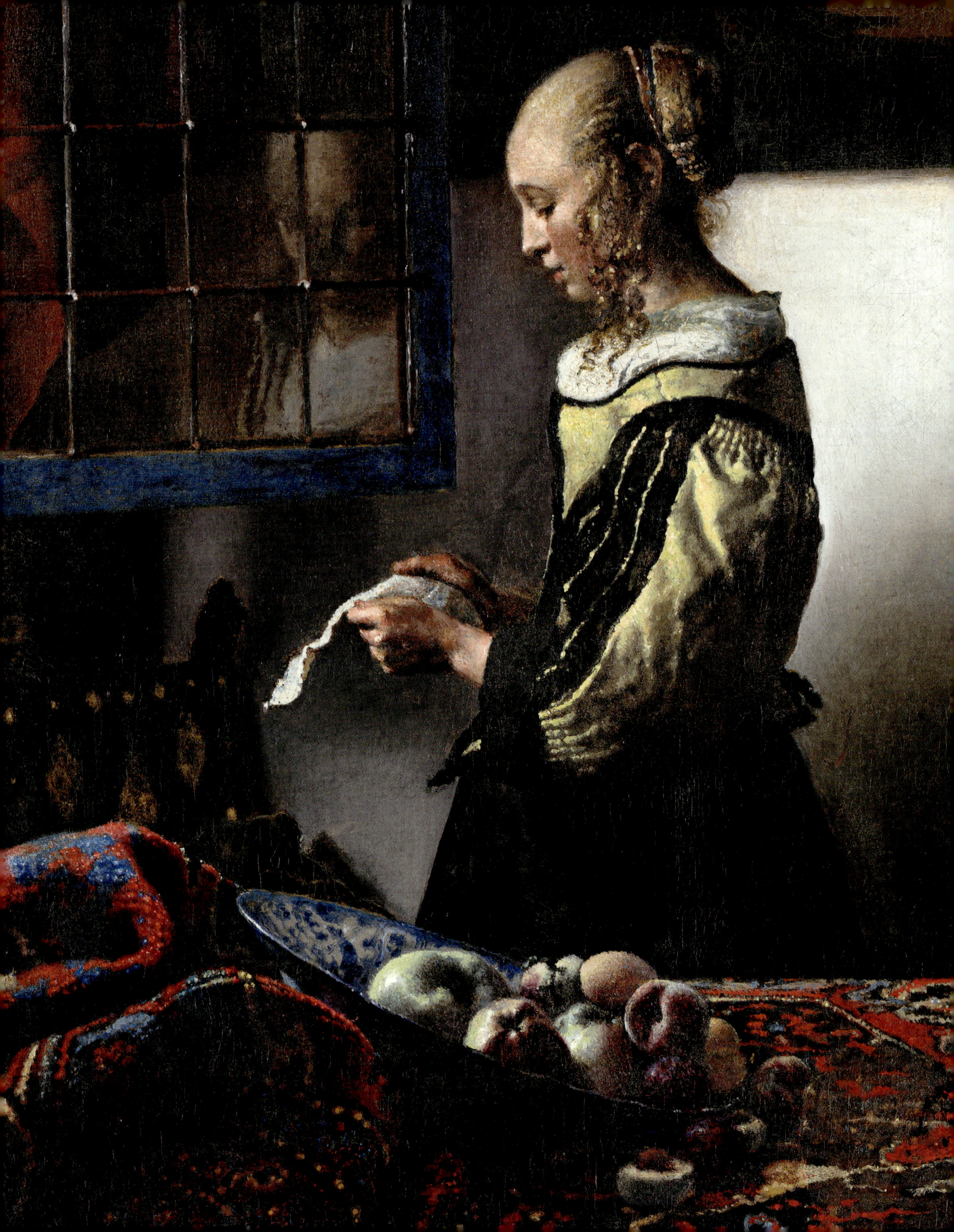

Geheime Sehnsüchte

Liebesbriefe

In die Frühphase wird Vermeers Dresdner Bild einer jungen Frau am offenen Fenster datiert, die mit großer innerer Anspannung und Aufmerksamkeit einen ihr zugedachten Liebesbrief liest, das *Brieflesende Mädchen am offenen Fenster* (Detail S. 48 und Abb. S. 51). Sie ist im Profil dargestellt, aber ihr Gesicht spiegelt sich in leichter Brechung in den getönten, unebenen Scheiben des mit Bleirutenfassung gefelderten Fensters (es tauchte bereits auf dem Bild *Kavalier und junges Mädchen* auf, Abb. S. 32). Dass es geöffnet ist, dient vordergründig natürlich der Verstärkung des Lichteinfalls in den Raum, aber es meint auch in einem übertragenen Sinn das Verlangen der Frau nach Öffnung des häuslichen Bereichs, ihren Wunsch nach Aufnahme eines Kontakts mit der Außenwelt, von der die Ehefrau, entsprechend den ihr gesellschaftlich auferlegten Verhaltensnormen, weitgehend isoliert ist. Solche Sehnsucht nach Überwindung der verordneten Einsamkeit, bemerkt man gelegentlich auf Bildern Pieter de Hoochs, zum Beispiel bei seiner im Hausflur auf die Straße schauenden Frau (Abb. S. 13).

Die Schale mit dem Obst in Vermeers *Brieflesendem Mädchen am offenen Fenster*, die an den hochgebauschten Tischteppich gelehnt ist, ist ein Symbol für die das Treuegebot verletzende außereheliche Liebesbeziehung, die sich hier mit dem Empfang des Briefes anbahnt oder heimlich weitergepflegt wird, sollen doch die Äpfel und Pfirsiche (*malum persicum*) an Evas Sündenfall erinnern. Der gelblichgrüne Seidenvorhang ist ein künstlerisches Bravourstück Vermeers. Schwer zu entscheiden, ob er bildimmanent gemeint ist, als Vorhang im Raum, wie ihn Vermeer häufig als Kompositionselement einsetzt, der wie bei einer Offenbarung zur Seite geschoben ist, oder – wie auf Rembrandts Bild *Die heilige Familie mit dem Vorhang* von 1646 (Kassel, Gemäldegalerie Alte Meister) – als illusionistisch wiedergegebener Schutzvorhang des Gemäldes selbst.

Ganz selbstvergessen in die Lektüre des empfangenen Briefes vertieft ist auch die gleichfalls im Profil wiedergegebene *Briefleserin in Blau* (Abb. S. 52). Wie die Dame auf dem Dresdner Bild steht sie dem Fenster zugewandt, das indessen selbst nicht zu sehen ist, nur die intensivere Helligkeit an der Wand links lässt auf diese Lichtquelle schließen. Die Frau ist vielleicht schwanger.[6] Die Brieflektüre würde dann also in einem moralischen Widerspruch zu der „wohlanständigen

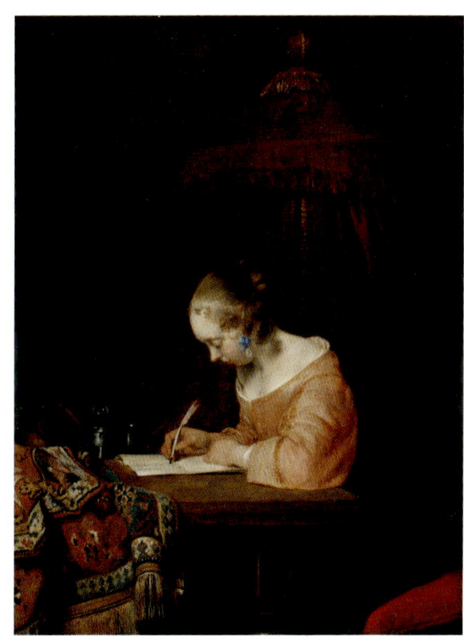

Gerard ter Borch
Briefschreiberin, um 1655
Öl auf Holz, 39 x 29,5 cm
Den Haag, Koninklijk Kabinet van Schilderijen Mauritshuis

Detail aus ***Brieflesendes Mädchen am offenen Fenster*** (Abb. S. 51)

Das offenstehende Fenster hat in Vermeers Bildern oft eine übertragene Bedeutung. Zusammen mit dem Brief, den die Frau in der Hand hält, veranschaulicht dieses Motiv den Wunsch, aus der häuslichen Enge auszubrechen und in Kontakt zur Außenwelt zu treten.

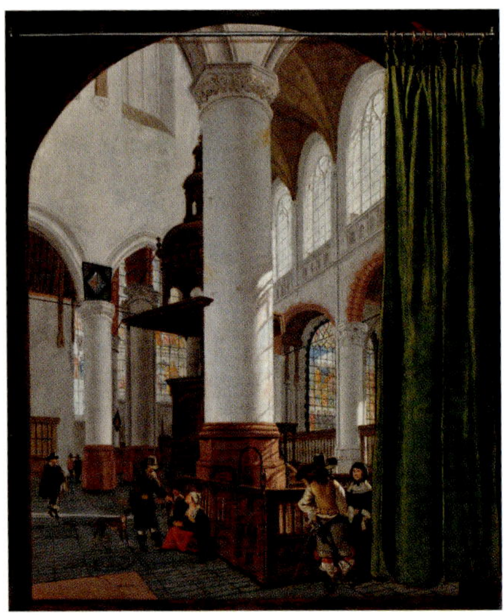

Gerard Houckgeest
Inneres der Oude Kerk in Delft, um 1654 (?)
Öl auf Holz, 49 x 41 cm
Amsterdam, Rijksmuseum

Draperien waren in der Delfter Malerei der Jahrhundertmitte, vor allem bei Architekturmalern wie Gerard Houckgeest, verbreitet. Während bei seinem Kircheninterieur die unterschiedlichen Realitätsebenen von Bild und Vorhang sofort deutlich werden, haben der Vorhang und die dahinter liegende Szene in Vermeers *Brieflesendem Mädchen am offenen Fenster* dieselbe Größe.

Ehrbarkeit" der Ehe stehen, die – der zeitgenössischen Ehetraktat-Literatur zufolge – als angeblich „natürlicher Stand" der Fortpflanzung des Geschlechts dient und „unkeusch-wollüstige Einbildungen" nicht zulässt.

Spekulationen in der älteren Vermeer-Literatur, ob die dargestellte Frau wohl Vermeers Gattin sei, die viele Schwangerschaften habe durchmachen müssen, sind für die Deutung des Bildes nicht maßgeblich. Selbst wenn Catharina Bolnes das Modell des Künstlers gewesen sein sollte, darf man das Bild nicht im Sinne eines intendierten biografischen Dokuments lesen, da es hier um die Demonstration und Erörterung eines allgemeineren sozialen Problems geht. Wie auf dem Bild der *Frau mit Waage* (Abb. S. 61) oder in *Junge Dame mit Perlenhalsband* (Abb. S. 59) sind die Kassetten mit den Perlen Zeichen für Superbia, also für die Eitelkeit, denn die Frau macht sich für ihren Liebhaber schön.

Geschmückt und herausgeputzt hat sich auch die den Betrachter anlächelnde Frau in gelber, hermelinverbrämter Jacke (Abb. S. 54), die mit einer Gänsefeder selbst einen Liebesbrief verfasst. In unmittelbarer Nähe des Briefpapiers liegt eine Perlenkette mit gelben Bändchen, auch ein Schmuckkästchen und eine Tintenfass-Garnitur sind zu erkennen. Gegenüber dem Bild *Briefleserin in Blau* (Abb. S. 52), wo die Eitelkeitsthematik nur sehr verhalten und diskret vorgetragen wird, springt sie hier geradezu ins Auge. Die Zierschleifen und die Perlenohrringe sind als Hinweise auf die Putz- und Gefallsucht der Frau eingesetzt (vgl. Abb. S. 56/57) – manchmal können die Perlen bei Vermeer aber auch eine positive Bedeutung haben (vgl. Abb. S. 61). Für den Künstler waren die Schmuckstücke ein willkommener Anlass für eine raffinierte ästhetische Gestaltung der variationsreich abgestuften Gelbvaleurs, die sich in der Skala dunklerer Tönungen auf der Jacke fortsetzen. Nach Andrea Alciatis *Emblemata* (Lyon 1550, S. 128) ist die Farbe Gelb „amantibus et scortis aptus", das heißt „den Liebenden und Huren gemäß".[7]

Die modische Erscheinung der Frau und das Beiwerk auf dem Tisch sind auf Vermeers *Briefschreiberin und Dienstmagd* wiederaufgenommen (Abb. S. 55). Neu an dieser Szene ist die aus dem Dunkel des Hintergrunds hinzutretende Magd, die der Frau, welche gerade einige Zeilen geschrieben hat, einen Brief überbringen will, den anzunehmen diese sichtlich zögert. Er scheint sie etwas zu verwirren, Skrupel kommen auf, ob sie sich auf dieses „Abenteuer" einlassen soll. Vielleicht kreuzt sich auch die Botschaft ihres Briefes mit der ihr noch nicht bekannten überbrachten Nachricht. Der Blick der Magd lässt erkennen, dass sie in diese heimliche Buhlschaft eingeweiht ist. Sie fungiert als verschwiegene Botin, die zu ihrer Herrin in eng vertrauter Beziehung steht.

Von dieser Art ist auch das Verhältnis von Herrin und Magd auf dem Bild *Briefschreiberin und Dienstmagd* aus Dublin (Abb. S. 58). Die Situation ist in der Weise verändert, dass hier beide frontal dem Betrachter zugewandt sind, die Dienerin stehend mit verschränkten Armen, in Erwartung des Briefes, den die mit weißer Bluse und perlengezierter weißer Haube bekleidete Frau voller Eifer schreibt. Vorn liegen am Boden Petschaft und Briefsiegel, die vom Tisch herabgefallen sind. Die Magd blickt auf das Fenster, dessen nicht genau identifizierbares Motiv wahrscheinlich die von anderen Bildern Vermeers (Abb. S. 34/35) bekannte Temperantia-Allegorie ist, also die an die Frau gerichtete Mahnung, Maß zu bewahren und ihre Affekte im Zaum zu halten.

Das Bild an der Wand, das die Auffindung des im Nil ausgesetzten Moseknaben darstellt (nach 2. Mose 2,1–10) – es begegnet, allerdings in kleinerem Format, auch auf dem Pariser Bild *Der Astronom* (Abb. S. 78) – enthält eine Anspielung auf die heimliche Liebesbeziehung. Die Mosegeschichte mochte

Brieflesendes Mädchen am offenen Fenster, um 1657
Öl auf Leinwand, 83 x 64,5 cm
Dresden, Staatliche Kunstsammlungen, Gemäldegalerie Alte Meister

Durch die Restaurierung des Gemäldes 2021 kam an der Rückwand ein Bild von Amor zum Vorschein, das nach Vermeers Tod übermalt worden war.

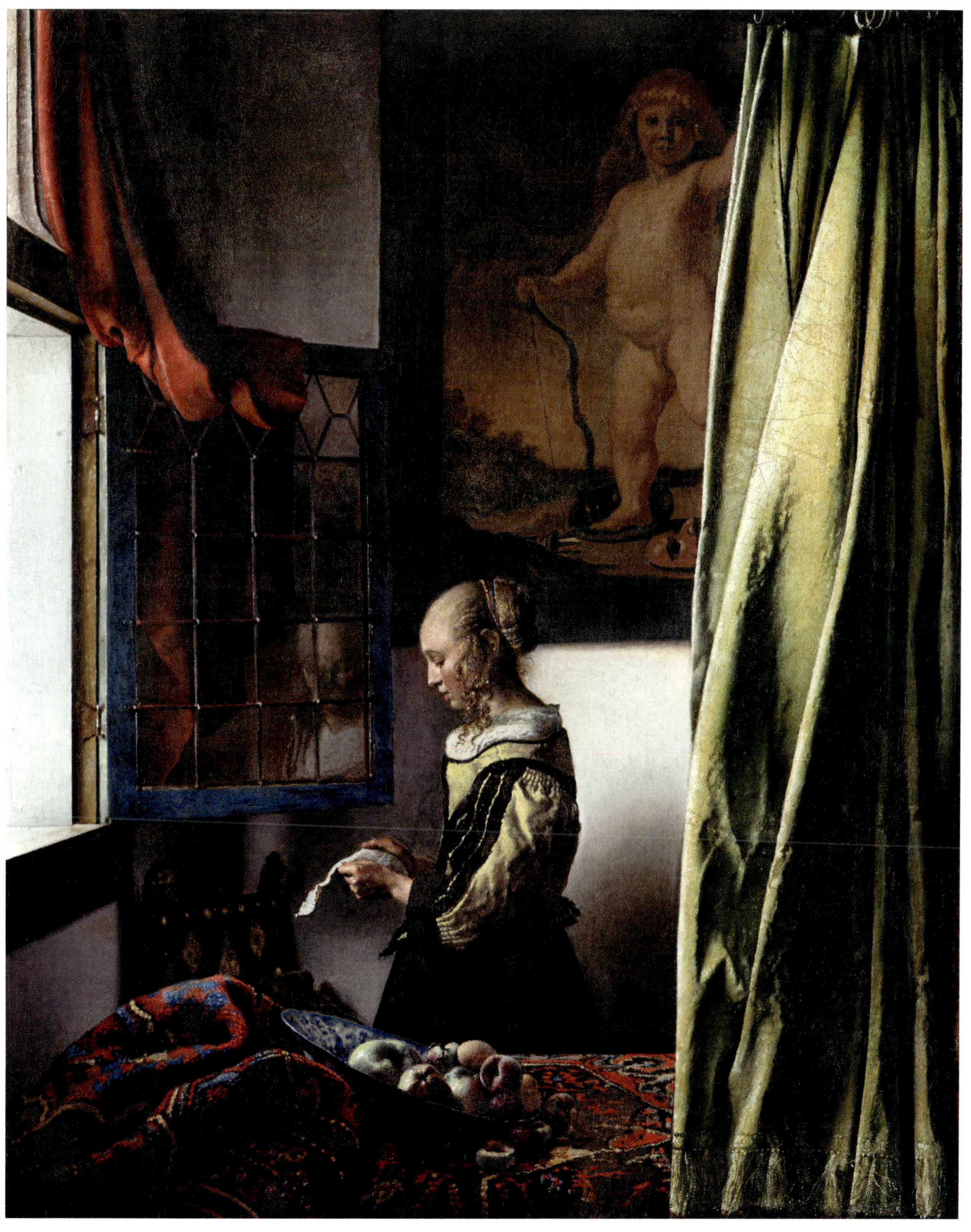

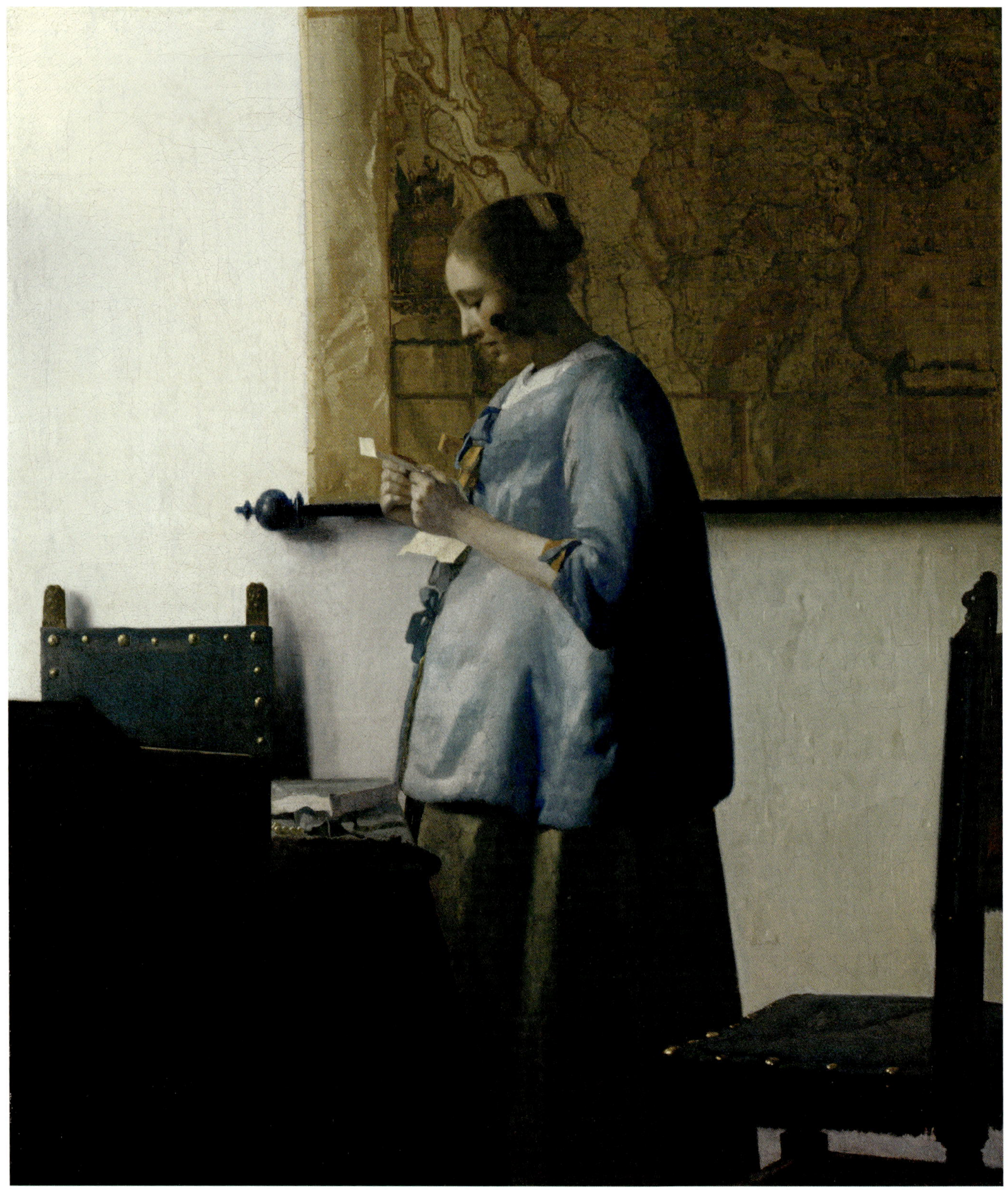

im 17. Jahrhundert an die Kindesaussetzungen erinnern, die, wie Pierre Chaunu und Pierre Goubert nachgewiesen haben, eine von Frauen, die ihre außerehelich empfangenen „Kinder der Sünde" angesichts drohender drakonischer Strafen vertuschen mussten, häufig geübte Praxis war.[8] Dies belegen beispielsweise die seit 1680 durchgeführten *Recherches statistiques sur la ville de Paris*. In einer Zeit rigider werdender Ehenormen mit der Forderung nach Einhaltung der monogamen Bindung war die Anpassung der Triebstruktur und der Sinnlichkeit an dieses Verhaltensmuster ein von den einzelnen kaum zu bewältigendes Problem. Die sehr große Zahl der Genrebilder, die außereheliche Beziehungen thematisieren, dokumentiert, dass die Familienpolitik der Obrigkeiten diese Verhaltensmodellierung nur schwer durchsetzen konnte.

Das Liebesbrief-Motiv hat also anders, als man auf den ersten Blick anzunehmen geneigt ist, durchaus keinen bloß harmlos-anekdotischen Charakter. Ein Blick auf die zeitgenössische juristische Literatur lehrt, dass die „Litterae amatoriae" oder „Buhlerbriefe" (über die Dissertationen verfasst wurden) Gegenstand rechtlicher Erörterungen waren. Denn es galt zu klären, ob sie Verbindlichkeit auf die Ehe machen oder (sofern ein Briefpartner bereits verheiratet war) einen Ehebruch implizieren. Die Briefkultur, die in dieser Zeit des wachsenden Bildungsstandards es vielen Frauen aus dem Bürgertum ermöglichte, ihre Gefühle dem Papier anzuvertrauen, erwies sich unter juristischen Gesichtspunkten als Gefahr, weil man sie an Hand solcher Schriftzeugnisse auch überführen konnte.[9]

Noch einmal hat Vermeer das Liebesbrief-Thema gestaltet, und zwar auf dem kleinen Amsterdamer Gemälde *Der Liebesbrief* (Abb. S. 60), auf dem wieder die Magd als enge Vertraute der Hausfrau erscheint. Man blickt aus einem dunklen Hauskorridor (links ist schemenhaft an der Wand eine Landkarte zu erkennen, rechts sind auf einem Stuhl mit einem Vorhang darüber Noten abgelegt) in einen Wohnraum, in dem sich die Herrin neben einem Kamin niedergelassen hat. Fragend schaut sie zu ihrer Dienstbotin auf, die ihr soeben den Brief überbracht hat. Die Mandoline auf dem Schoß deutet darauf hin, dass die Hausfrau sich mit Musik auf Liebesgedanken eingestimmt hat (vgl. Gabriel Rollenhagens Emblem *Amor Docet Musicam*, Abb. S. 44). Der Kamin hat in der niederländischen Genremalerei oft die metaphorische Bedeutung der Liebesglut. Dass die Leidenschaften der Frau stark angefacht sind, signalisiert das Marinebild an der Wand hinter ihr, das eine aufgewühlte See zeigt. Der Wäschekorb, das am Boden liegende Stick- oder Klöppelkissen und der Besen vorn an der Tür bezeichnen das System häuslicher Pflichten, die von der Frau vernachlässigt oder versäumt werden.

Perlenschmuck

Den Widerstreit von Tugend und Laster thematisiert Vermeer auch in dem Bild *Junge Dame mit Perlenhalsband* (Abb. S. 59). Aber der moralische Diskurs ist hier so diskret, so zurückgenommen, dass man kaum auf den Gedanken kommt, er könne überhaupt beabsichtigt sein. Eine junge (vielleicht schwangere) Frau, bekleidet mit einer hermelinverbrämten gelben Jacke, steht im Profil vor einem kleinen Spiegel, der an der in die Raumtiefe fluchtenden Wand hängt, welche in ein von einem gelben Vorhang halb verhängtes Fenster übergeht. Sie hat ein Perlenhalsband angelegt, dessen Enden sie auseinanderzieht. Ganz offensichtlich geht es um die Eitelkeit. Darauf deutet schon die Puderquaste auf der mächtigen Tischplatte hin. Das kleine Billett daneben ist wohl ein versteckter Hinweis darauf, dass sie sich für ihren Liebhaber schön macht.

Briefleserin in Blau, um 1663/64
Öl auf Leinwand, 46,6 x 39,1 cm
Amsterdam, Rijksmuseum

SEITE 54 UND DETAIL SEITE 56/57
Briefschreiberin, um 1665–67
Öl auf Leinwand, 45 x 39,9 cm
Washington, D.C., National Gallery of Art, Gift of Harry Waldron Havemeyer and Horace Havemeyer Jr.

Mit Zierschleifen im Haar und Perlen modisch geschmückt hat sich diese junge Frau, die beim Schreiben ihres Briefes innehält und den Betrachter anblickt.

SEITE 55
Briefschreiberin und Dienstmagd, um 1666/67
Öl auf Leinwand, 90,2 x 78,7 cm
New York, The Frick Collection

Neu ist hier das Motiv der aus dem Dunkel des Hintergrunds hinzutretenden Magd, die der Dame, die gerade einige Zeilen geschrieben hat, einen Brief überbringen will. Offensichtlich handelt es sich um die heimliche Übermittlung eines Liebesbriefes.

SEITE 58
Briefschreiberin und Dienstmagd, um 1670/71
Öl auf Leinwand, 72,2 x 59,7 cm
Dublin, National Gallery of Ireland

Auf mehreren Liebesbriefbildern Vermeers spielt die Magd eine besondere Rolle. Für ihre Herrin, die das Haus als die ihr anvertraute Sphäre unkontrolliert nicht verlassen darf, leistet sie heimliche Kurierdienste. In juristischen Abhandlungen des 17. Jahrhunderts galt die Beförderung von Liebesbriefen als Indiz für einen von der Frau begangenen Ehebruch.

SEITE 59
Junge Dame mit Perlenhalsband, um 1663/64
Öl auf Leinwand, 51,2 x 45,1 cm
Berlin, Staatliche Museen zu Berlin, Gemäldegalerie

An der mit einer hermelinverbrämten gelben Jacke bekleideten Frau, die vor dem Spiegel die an ihrer Perlenkette befestigten Bänder prüfend auseinanderzieht, demonstriert Vermeer das Laster der Eitelkeit. Das Bild enthält also eine moralische Kritik an solchem Verhalten.

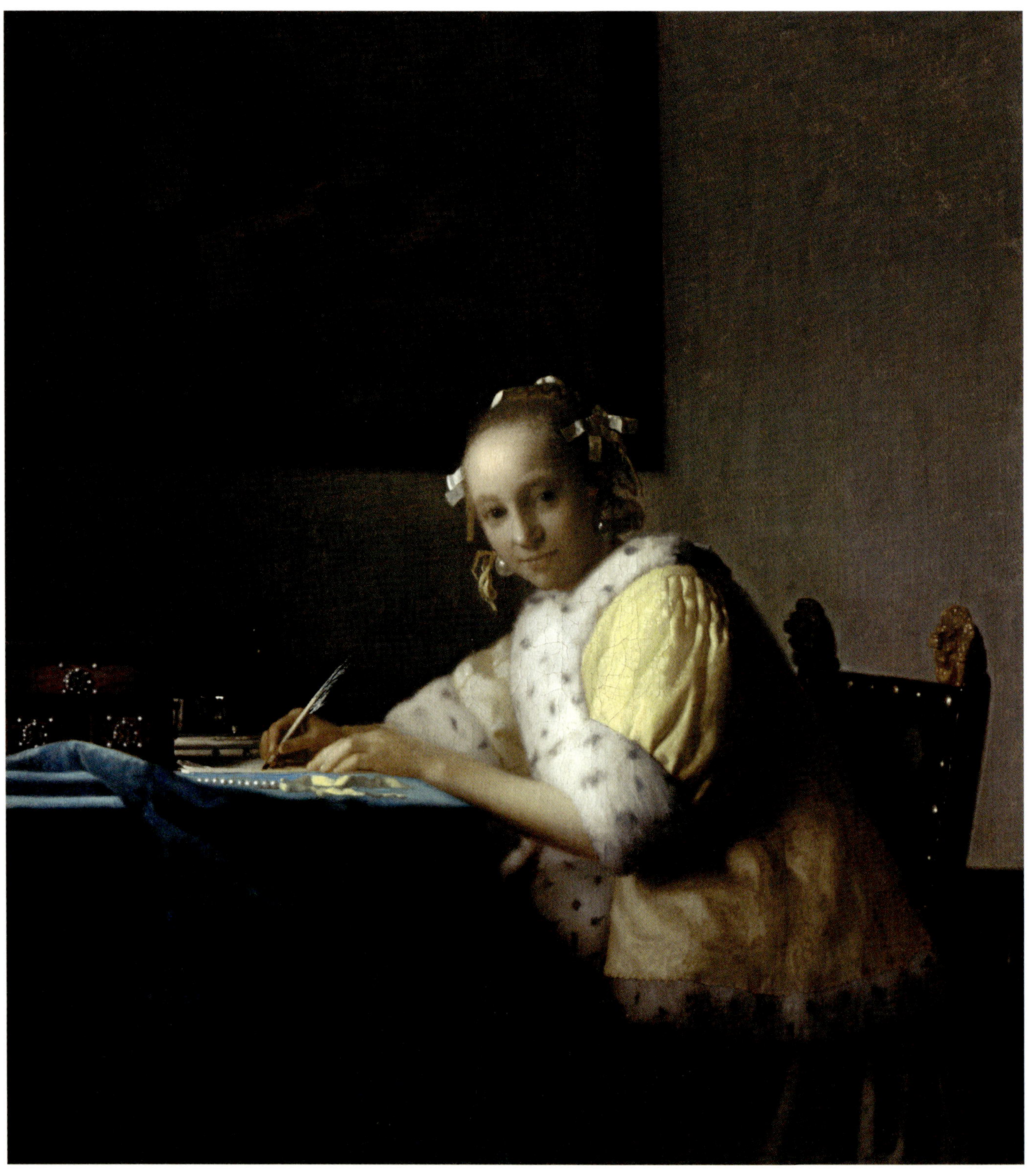

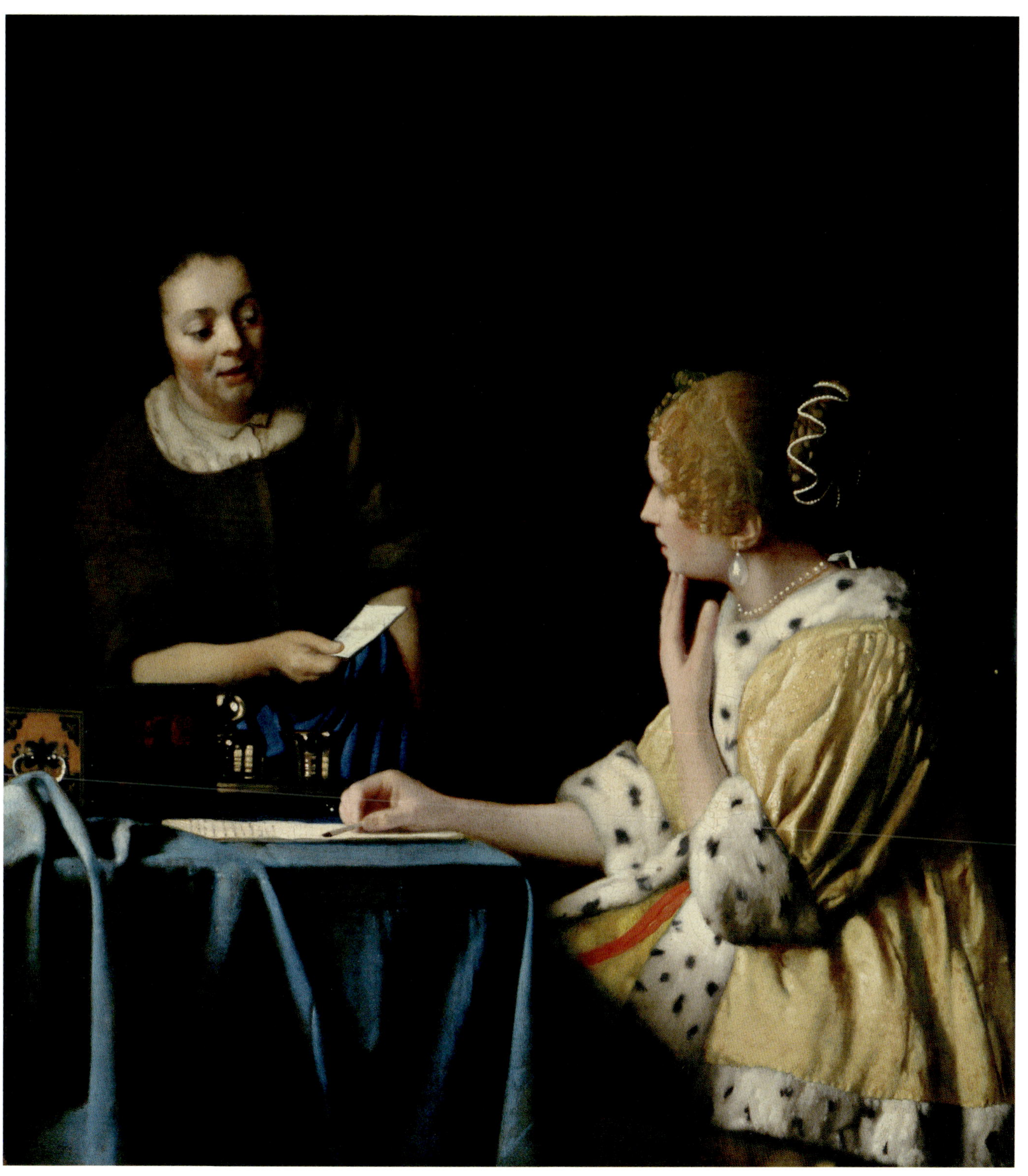

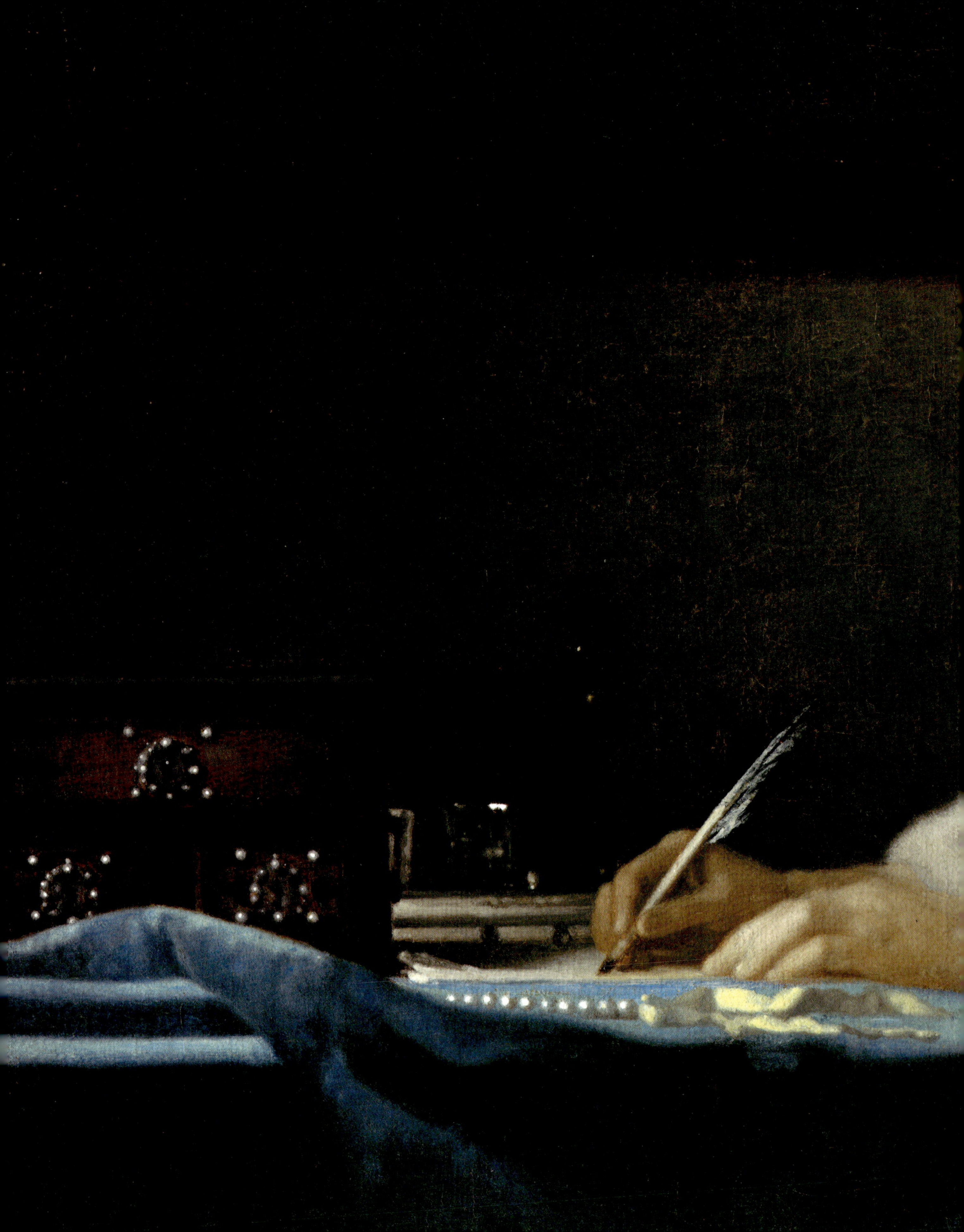

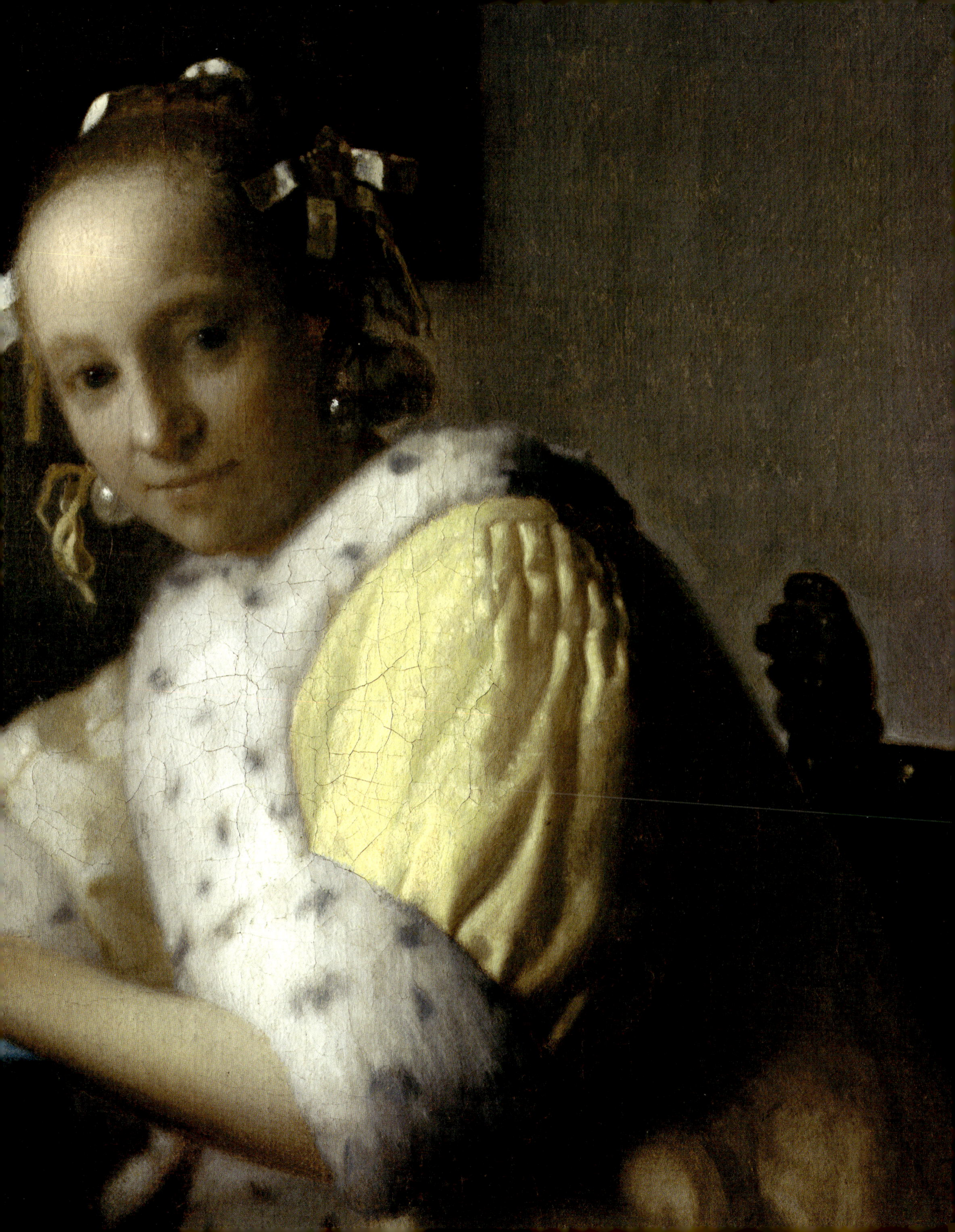

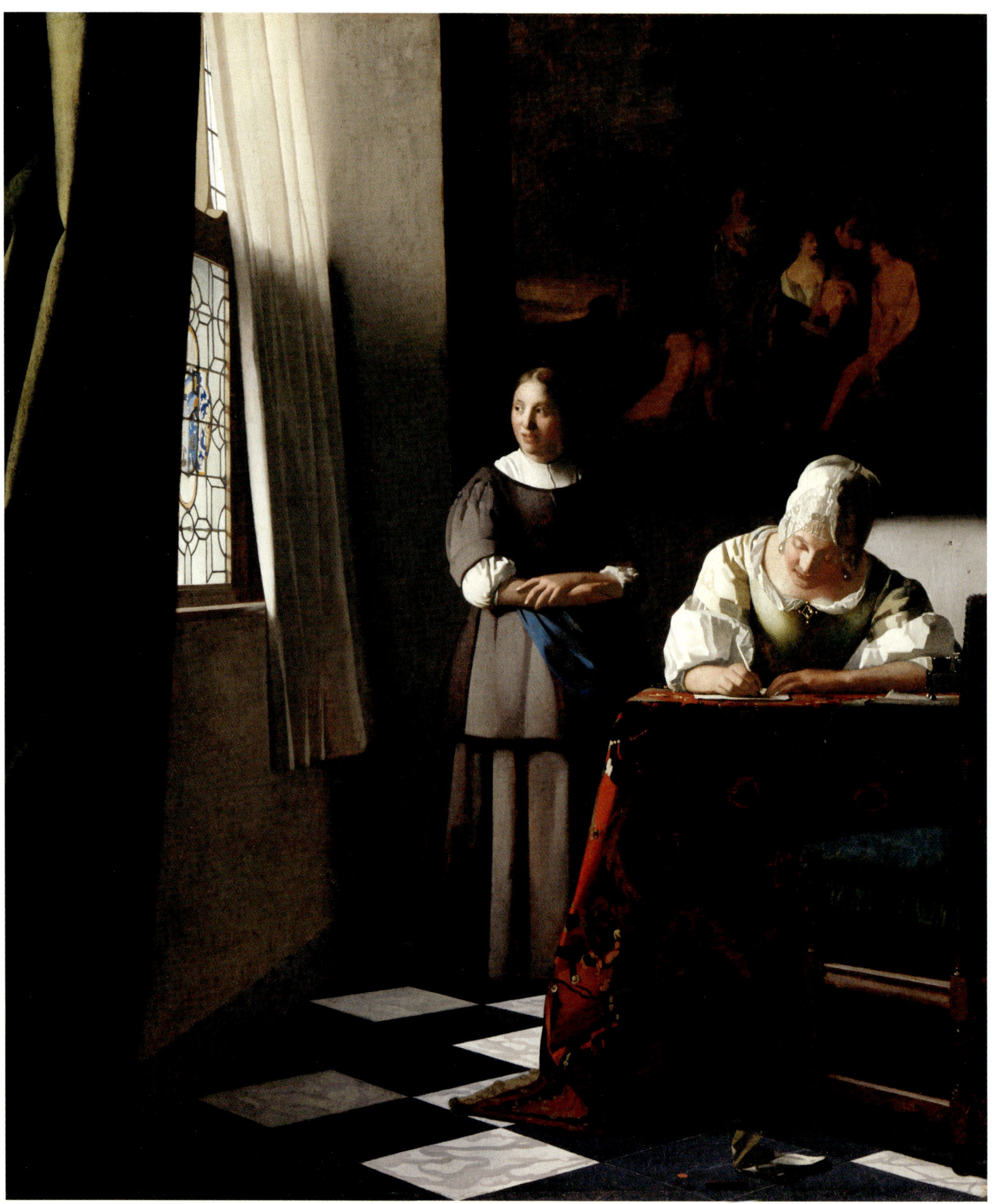

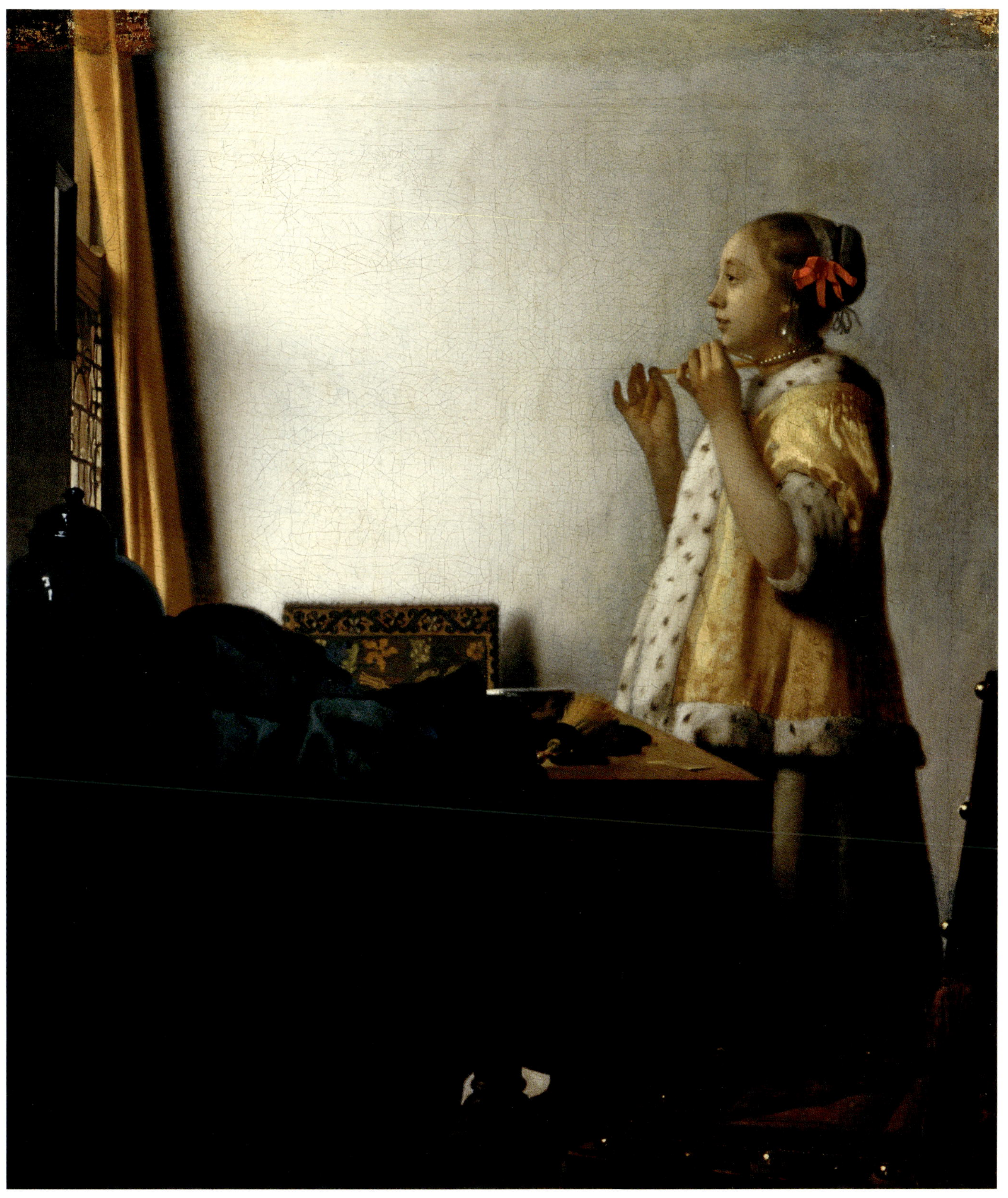

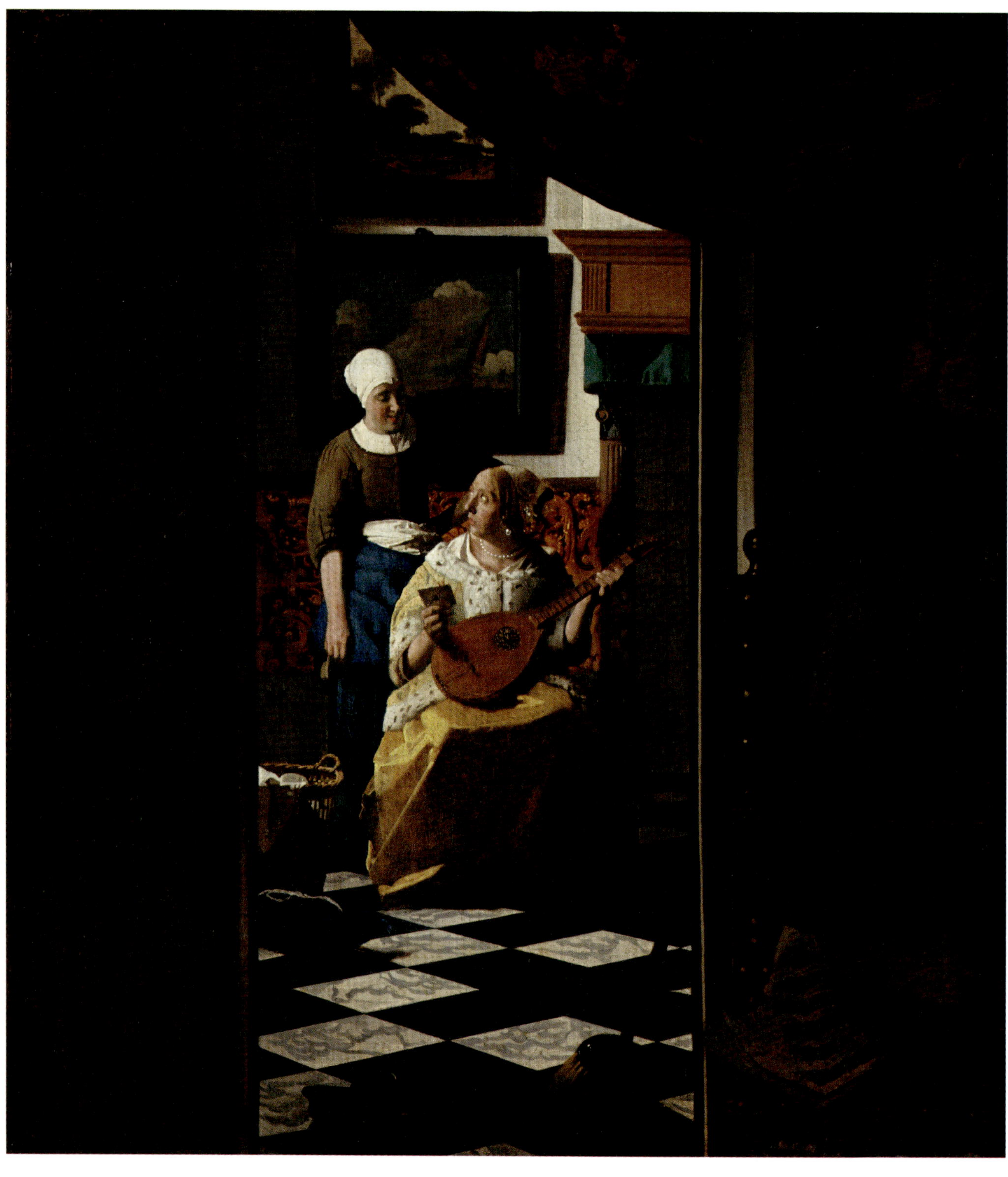

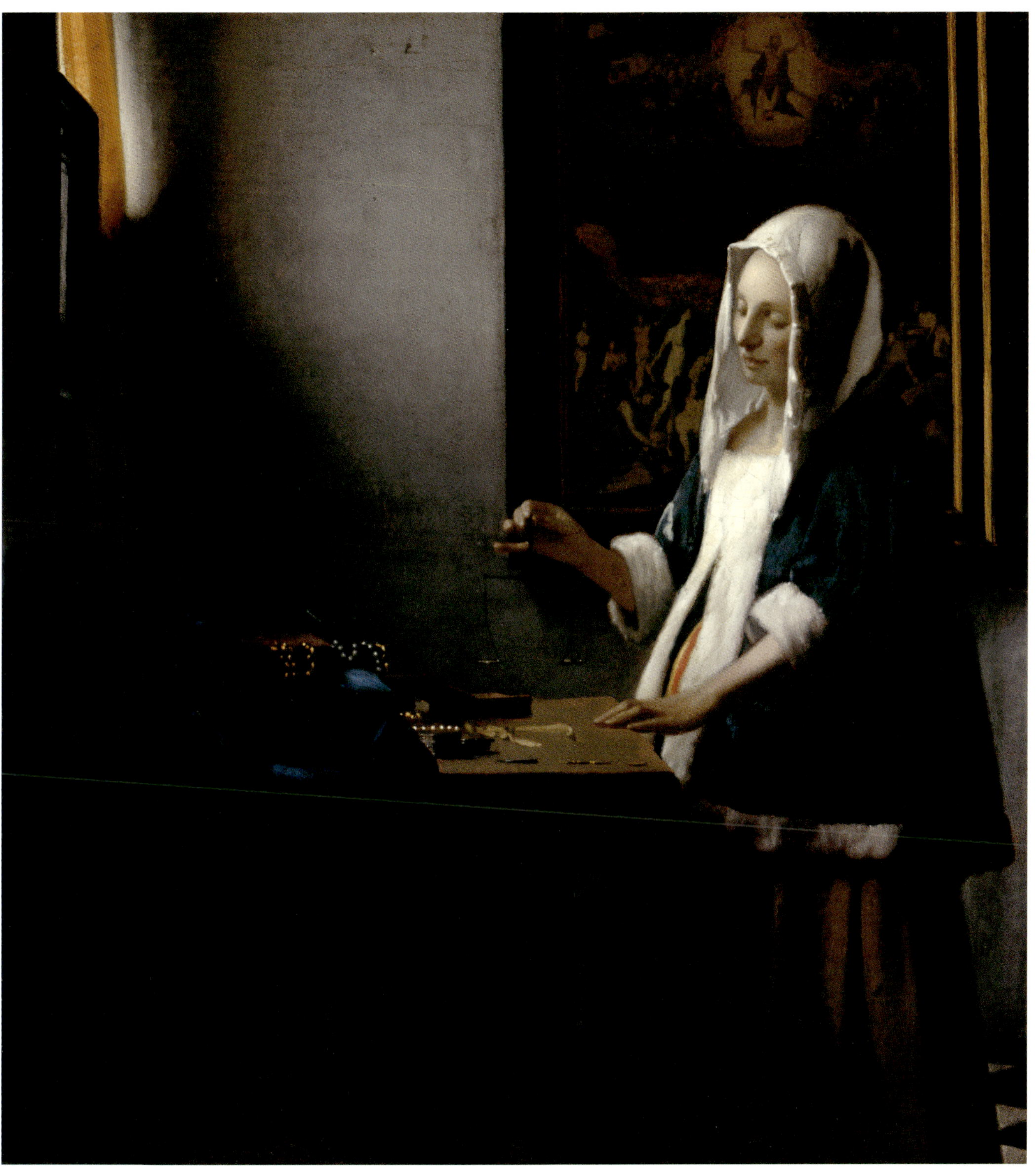

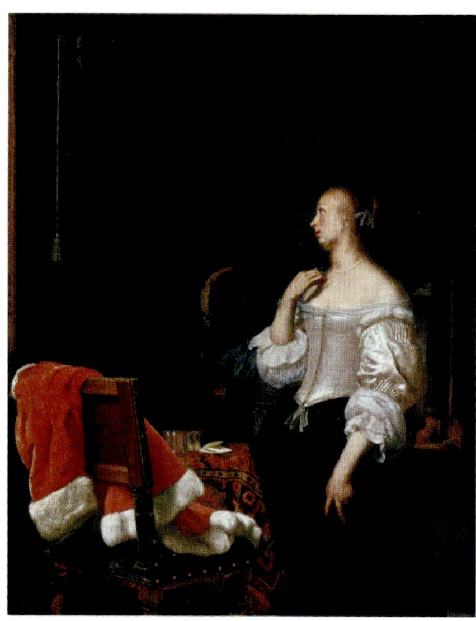

Frans van Mieris d. Ä.
Junge Dame vor dem Spiegel, um 1662
Öl auf Holz, 30 x 23 cm
Berlin, Staatliche Museen zu Berlin, Gemäldegalerie

Detail aus ***Junge Dame mit Perlenhalsband***, (Abb. S. 59)

SEITE 60
Der Liebesbrief, um 1669/70
Öl auf Leinwand, 44 x 38 cm
Amsterdam, Rijksmuseum

SEITE 61
Frau mit Waage, um 1663/64
Öl auf Leinwand, 40,3 x 35,6 cm
Washington, D.C., National Gallery of Art, Widener Collection

Das Ausbalancieren der Waage wird durch die Szene des Jüngsten Gerichts an der Wand kommentiert: Angesichts der Seelenwägung durch Christus erscheint die Fixierung auf irdische Güter eitel und nichtig.

Dass die Symbolik der Perlen(kette) hier im Sinne der Vanitas-Kritik vermutlich negativ besetzt ist, lässt sieh mit einer motivverwandten Illustration in Gérard de Lairesses *Groot Schilderboek* (Amsterdam 1707, Bd. 1, S. 188–93) begründen, wo die Personifikation der Eitelkeit dem Schmuckkästchen eine Perlenkette entnimmt. Das Hauptargument für die Vanitas-Interpretation ist der Spiegel, der auf Toilette-Szenen das unentbehrliche Requisit ist, wie zum Beispiel Frans van Mieris' Bild *Junge Dame vor dem Spiegel* belegt (Abb. S. 62), die freilich im Gegensatz zu Vermeers *Junger Dame mit Perlenhalsband* sehr viel mehr herausgeputzt ist.

Das Sujet der Bleirutenverglasung ist nicht genau erkennbar und zu identifizieren. Es dürfte sich wie bei Vermeers Bild *Das Mädchen mit dem Weinglas* (Abb. S. 31) wieder um das Temperantia-Motiv handeln, das als Warnung einen ethischen Gegensatz zum Handeln der Frau bildet, die in Gefahr gerät, den gesellschaftlichen Normenkanon zu verletzen: Statt bescheiden, genügsam und schlicht zu leben, scheint sie gefallsüchtig den Strebungen der Selbstliebe zu erliegen.

Perlen sind auch das Thema des Bildes *Frau mit Waage* (Abb. S. 61). Um Ausgleich der Waagschalen bemüht, hält sie dieses Gerät vorsichtig in der rechten Hand, wobei sich die linke, um innere Ruhe und Konzentration zu gewinnen, an der Tischplatte abstützt. Die Szene spielt in einem verdunkelten Raum. Dass eigentlich Tageslicht herrscht, wird an dem Helligkeitsstreifen neben dem Fenster an der Rückwand erkennbar, das durch einen Vorhang verhängt ist. Diffus ist die Streuung des schwachen Lichts im Zimmer. Da sich die Lichtquelle oben links befindet, ist der Raum diagonal in eine Helligkeits- und eine Schattenzone geteilt. Letztere geht, besonders vorn links, in eine für den Blick fast undurchdringliche Dunkelheit über. Die Gegenstände sind in diesem Randbereich fast kaum noch zu identifizieren. Lediglich die den Kassetten entnommenen Perlen blinken auf.

Schemenhaft erscheint das Bild an der Wand unmittelbar hinter der Frau, eine Darstellung des Jüngsten Gerichts. Die apokalyptische Szene steht als eschatologische, ins Gewissen redende Mahnung offenbar in einer semantischen Beziehung zum Denken und Handeln der Frau. Bei dem Weltgericht am Ende der Tage geht es bekanntlich um die Scheidung der Guten von den Bösen, der Seligen von den Verdammten, um die Gewährung ewigen Seelenheils oder um die Verbannung in die ewige Höllenpein durch Christus als Richter.

Da die Komposition dieses Bildes der des Berliner Bildes *Junge Dame mit Perlenhalsband* (Abb. S. 59) sehr verwandt ist – beide Bilder zeigen einen Spiegel an der Seitenwand und Gegenstände der Eitelkeit auf dem Tisch –, liegt es nahe, das Tun der Frau, welches das Licht der Außenwelt scheut, im Sinne der Vanitas aufzufassen. Freilich wohnt dem Vorgang des Wägens eine ambivalente Bedeutung inne. Fast scheint es so, als wiederhole die Frau den Akt des Erzengels Michael, der (nach Hiob 31,6) die Seelen der Auferstandenen wägt. Vielleicht ist daher das Ausponderieren der Waagschalen als psychologisch-ethische Güterabwägung zu verstehen. In jedem Fall lässt dieses Motiv Gefühlsambivalenzen erkennen. Man hat bemerkt, dass die Waagschalen leer sind, dass also bereits eine innere Entscheidung zugunsten eines Verzichts auf den weltlichen Tand stattgefunden hat.

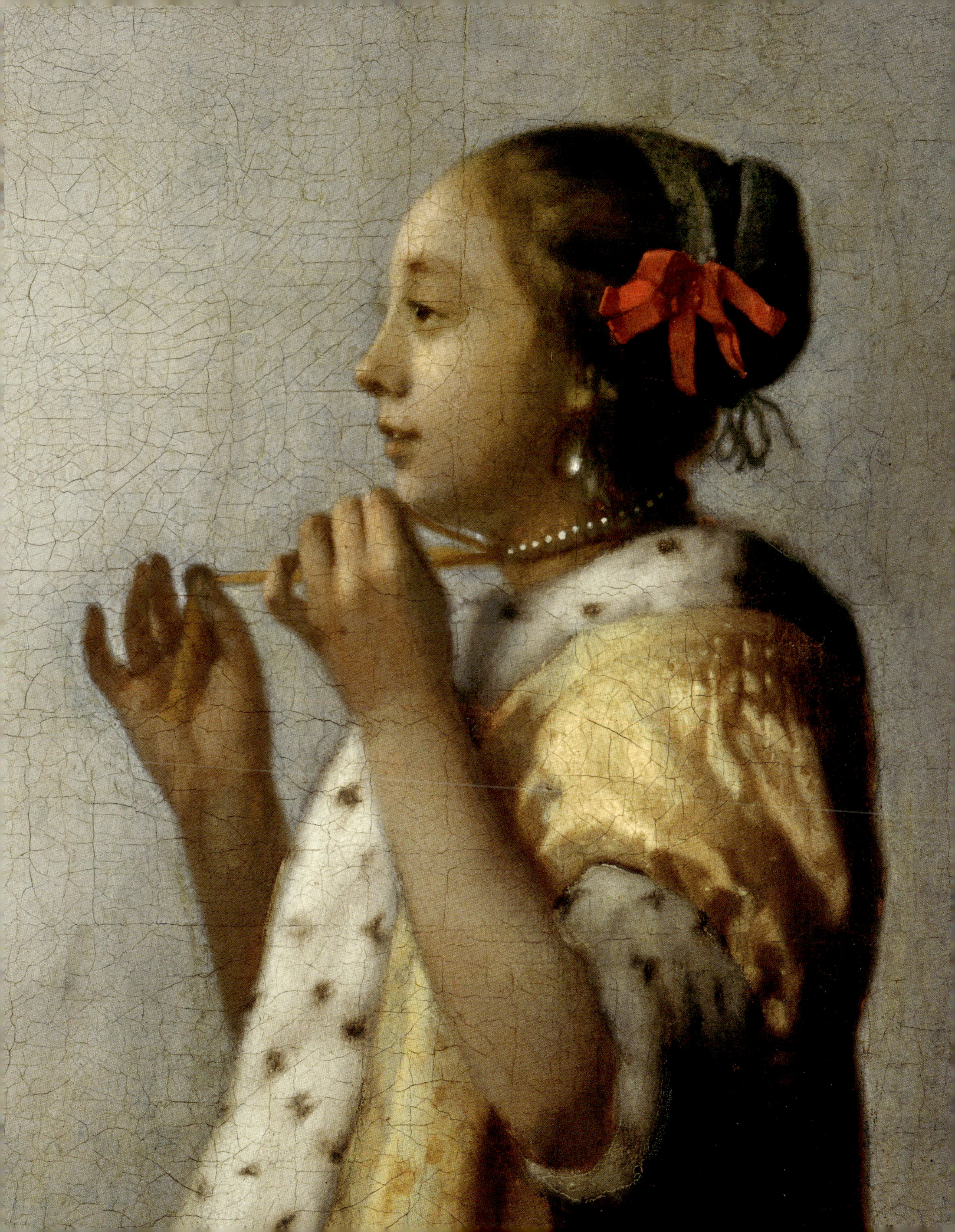

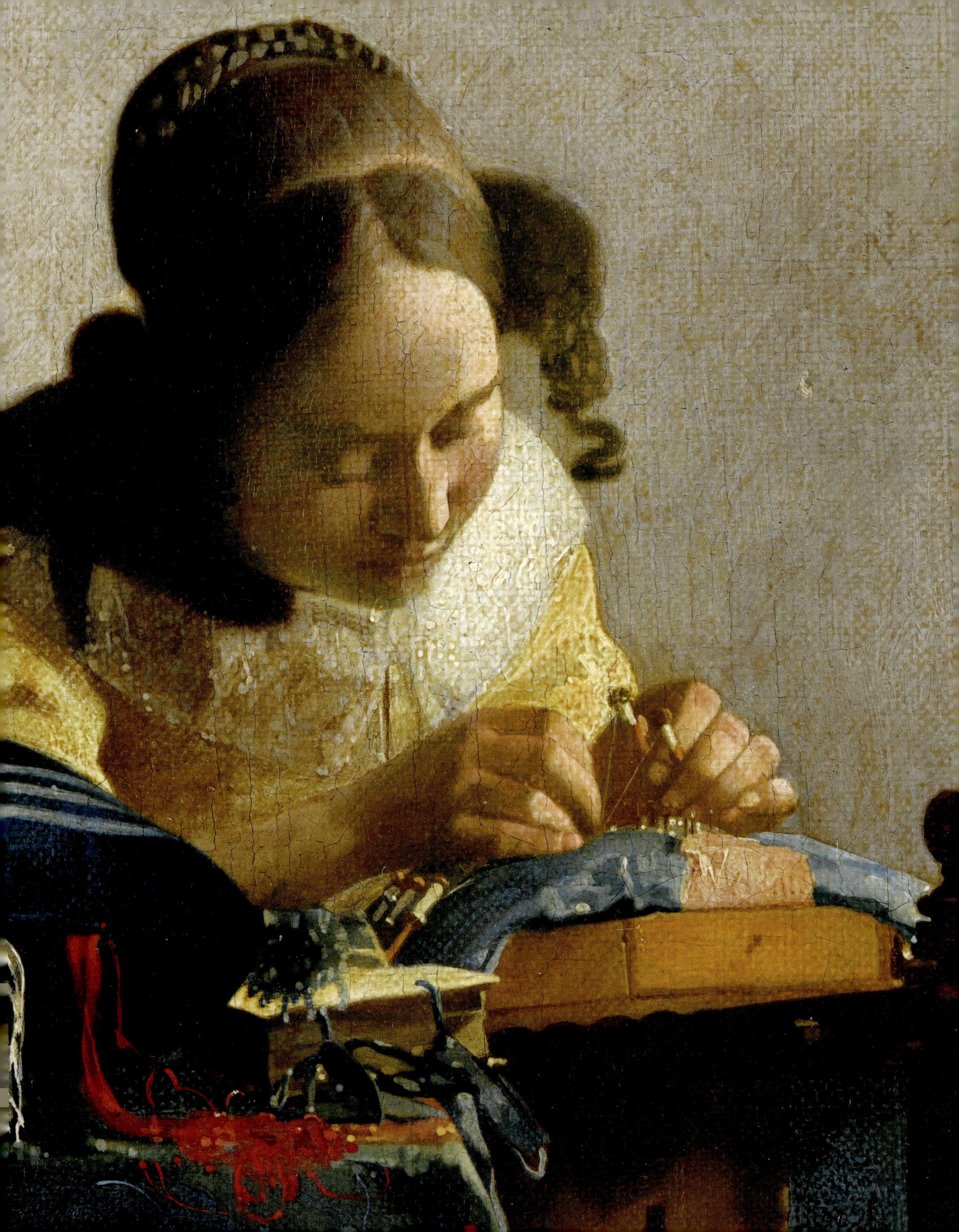

Mit gutem Beispiel vorangehen

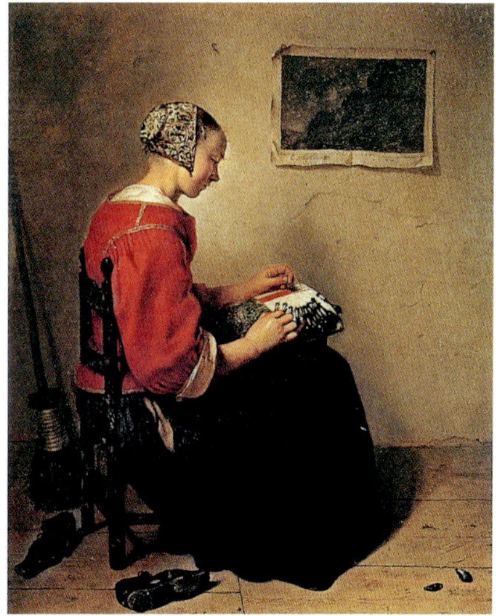

Caspar Netscher
Die Spitzenklöpplerin, 1662
Öl auf Leinwand, 33 x 27 cm
London, The Wallace Collection

Frauen als Tugendbeispiele

Die überwiegende Zahl der Bilder Vermeers, die Aktivitäten von Frauen zeigen, lässt sich, wie wir sahen, dem Muster der Lasterkritik zuordnen, die den Grundtenor der niederländischen Genremalerei bestimmt. Deren Ziel war es, nach Art der Komödie auf amüsante Weise durch Demonstration fehlerhaften Verhaltens der dargestellten Figuren zu einem „tugendhaften", das heißt normenkonformen Denken und Handeln zu erziehen.

Der umgekehrte Fall, die Erziehung durch das „positive" Muster, das den offiziellen Verhaltenscodex an einem „Exemplum virtutis" (Tugendbeispiel) vor Augen führt, ist vergleichsweise selten. Bei Vermeer sind es nur drei Bilder, bei denen diese Absicht deutlich wird.

Das berühmteste aus dieser Gruppe ist wohl *Das Milchmädchen* (Abb. S. 67). Schon früh erfuhr es eine besondere Wertschätzung, wie der Preis der kleinen Tafel (175 Gulden) beim Verkauf der Nachlasswerke Vermeers von 1696 beweist. 1719 wird das Gemälde sogar mit den Worten „Die berühmte Milchmagd von Vermeer van Delft, kunstvoll" („Het vermaerde Melkmeysje, door Vermeer van Delft, konstig") charakterisiert.

Das Gesinde wird in der niederländischen Malerei in der Regel als faul dargestellt, wie Nicolaes Maes' *Die faule Magd* (Abb. S. 26) belegt, oder als lüstern, was – auf den ersten Blick freilich nicht vermutbar – auf Gerard Dous (1613–1675) Gemälde *Küchenmagd beim Zwiebelhacken* (1646) zutreffen soll, wie die Attribute der Zwiebeln (als Aphrodisiakum) und des herabhängenden Huhns nahelegen (traditionell ein Zeichen der Fleischeslust; vgl. den umgangssprachlichen Ausdruck „vögeln" für den Sexualakt). Derlei Anzüglichkeiten finden sich auf Vermeers Küchenmagd-Bild nicht. Ernst vollzieht sich der Vorgang des behutsamen Eingießens der in tropfiger Verdickung rinnenden Milch in eine irdene Schüssel. Der gesenkte Blick der Magd, der sich darauf konzentriert, ist zugleich ein Zeichen der Demut und des bescheidenen In-sich-Gekehrtseins.

Zu dieser Einfachheit der Lebens- und Handlungsform der Magd passt auch der kahle Raum. Die graugelbe Wand, an der Nägel, Lochspuren entfernter Stifte und Kratzer auffallen – eine stille Geschichte langjährigen Gebrauchs –, war, wie Röntgenuntersuchungen des Gemäldes ergaben, ursprünglich mit einer Landkarte geschmückt. Diese wäre freilich ein Luxussymbol gewesen. Es ist daher

Detail aus ***Die Spitzenklöpplerin*** (Abb. S. 4)

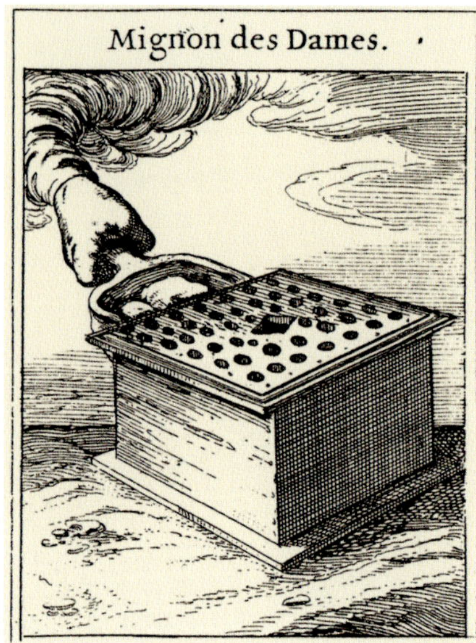

Roemer Visscher
Mignon des Dames
Illustration aus *Sinnepoppen*,
Amsterdam 1614, S. 178

Der kleine Wärmeofen hinter Vermeers *Milchmädchen* ist ein Mignon des dames, ein „Liebling der Damen", der in der kalten Jahreszeit bei den Damen als Wärmequelle unter ihren Röcken beliebt war. In Bildern und Texten des 17. Jahrhunderts wird diese Wärmequelle gern als Symbol weiblicher Lüsternheit verwendet, so auch in einem moralisierenden Emblem aus den *Sinnepoppen*.

Das Milchmädchen (Dienstmagd mit Milchkrug), um 1658–61
Öl auf Leinwand, 45,5 x 41 cm
Amsterdam, Rijksmuseum

Das Milchmädchen ist wohl Vermeers berühmtestes Bild. Schon früh erfuhr es eine besondere Wertschätzung, wie der vergleichsweise hohe Preis der kleinen Tafel (175 Gulden) beim Verkauf der Nachlasswerke Vermeers im Jahre 1696 beweist.

bezeichnend, dass Vermeer auf dieses Beiwerk nachträglich verzichtete, um die Magd in ihrem anspruchslosen alltäglichen Tun noch deutlicher, fast monumental (trotz des kleinen Formats) herauszuarbeiten. Sie verkörpert den Typus der „geistlichen Hausmagd", die in der religiösen „Traktätchenliteratur" immer wieder gepriesen wurde.

Religiöse Assoziationen stellten sich für den zeitgenössischen Betrachter sicherlich ein bei der Milch, die in der Bibel als „lautere" Speise (1. Petr. 2,2) oder als „erster Buchstabe der göttlichen Worte" (Hebr. 5,12) bezeichnet wird. Noch in Schillers Redewendung der „Milch der frommen Denkart" (*Wilhelm Tell*, IV, 3) klingt diese religiöse Metaphorik nach. – Auch das Brot im Korb und die Semmeln auf dem Tisch, bei denen die wunderbare Pointillé-Technik Vermeers, die Streuung funkelnder Lichtpunkte, fasziniert, haben solche spirituellen Konnotationen, bezeichnete sich doch Christus als „Brot des Lebens" (Joh. 6,48); der eucharistische Bezug ist also nicht zu übersehen.[10]

In der Hausväterliteratur wurde gefordert, dass sich das Gesinde vor allen Dingen der Gottesfurcht zu befleißigen habe. In dieser Einstellung sah sie die Grundlage für den Respekt vor der Herrschaft, der sie zu gehorchen habe, und für ein arbeitsames Verhalten.

Auf einer höheren sozialen Stufe, der einer bürgerlichen Hausfrau, variiert Vermeer die Tugendthematik in dem New Yorker Bild *Junge Frau mit Wasserkrug* (Abb. S. 69). Auch der Blick dieser Frau ist scheu gesenkt, sie sinnt offenbar über das Bleirutenmotiv des Fensters nach, das bereits in dem Bild *Das Mädchen mit dem Weinglas* (Abb. S. 31) begegnete. Die Details sind auf dem New Yorker Gemälde allerdings nicht wiedergegeben. Dargestellt ist dort die emblematische Personifikation der Temperantia, der Mäßigung, die als Kardinaltugend gilt. Deren traditionellen Bildtypus gibt eine Holzschnitt-Illustration von Hans Burgkmair (1473–1531) wieder, in der eine Frau aus einem Krug Wasser in eine Schüssel gießt. Genau diese Attribute finden sich auch auf Vermeers Bild. Die junge Frau mit dem gestärkten weißen Kopftuch und dem Spitzenbesatz, deren Transparenz vom Maler genau beobachtet ist, hält den Griff der golden glänzenden, an einigen Stellen gleißendhell funkelnden Kanne umfasst, die wie die Schüssel aus gleichem Metall die Farben benachbarter Gegenstände reflektiert.

Ein ähnliches Tischgerät hatte schon Robert Campin (um 1375–1444) auf dem rechten Flügel des *Werl-Altars* (1438, Madrid, Museo Nacional del Prado) als symbolisches Beiwerk der heiligen Barbara wiedergegeben. Wie das goldene Rauchfass mit dem Hostienteller darunter verweist diese Gefäßkombination auf das Allerheiligste in der Stiftshütte der Juden. Im Gegensatz zu diesem „geheiligten" Gerät steht bei Vermeer die Kassette mit den Perlen und blauen Haarschleifen. Diese Opposition verkörpert wieder den Widerstreit der Gefühle, der Güterabwägung (der durch das Zugreifen entschieden ist): Soll die Frau putzsüchtig der Selbstliebe nachgeben oder maßhalten?

Wie das *Milchmädchen* ist auch Vermeers *Spitzenklöpplerin* (Detail S. 64 und Abb. S. 4) voller Konzentration und innerer Anspannung ihrer Arbeit ganz hingegeben. Textile Handarbeit wurde schon im Mittelalter als eine für Frauen spezifische Tätigkeit aufgefasst. Maarten van Heemskerck (1498–1574) hat auf seinem *Porträt der Anna Codde* (1529, Amsterdam, Rijksmuseum) das Spinnen von Flachs am Rocken als für sie charakteristische weibliche Verrichtung hervorgehoben. In den Sprüchen Salomos (Kap. 30,10ff.) wird das Muster eines tugendsamen Weibes, das „viel edler denn die köstlichsten Perlen" sei (Vers 10), so beschrieben, dass sie mit Wolle und Flachs umgeht, ihre Hand nach dem

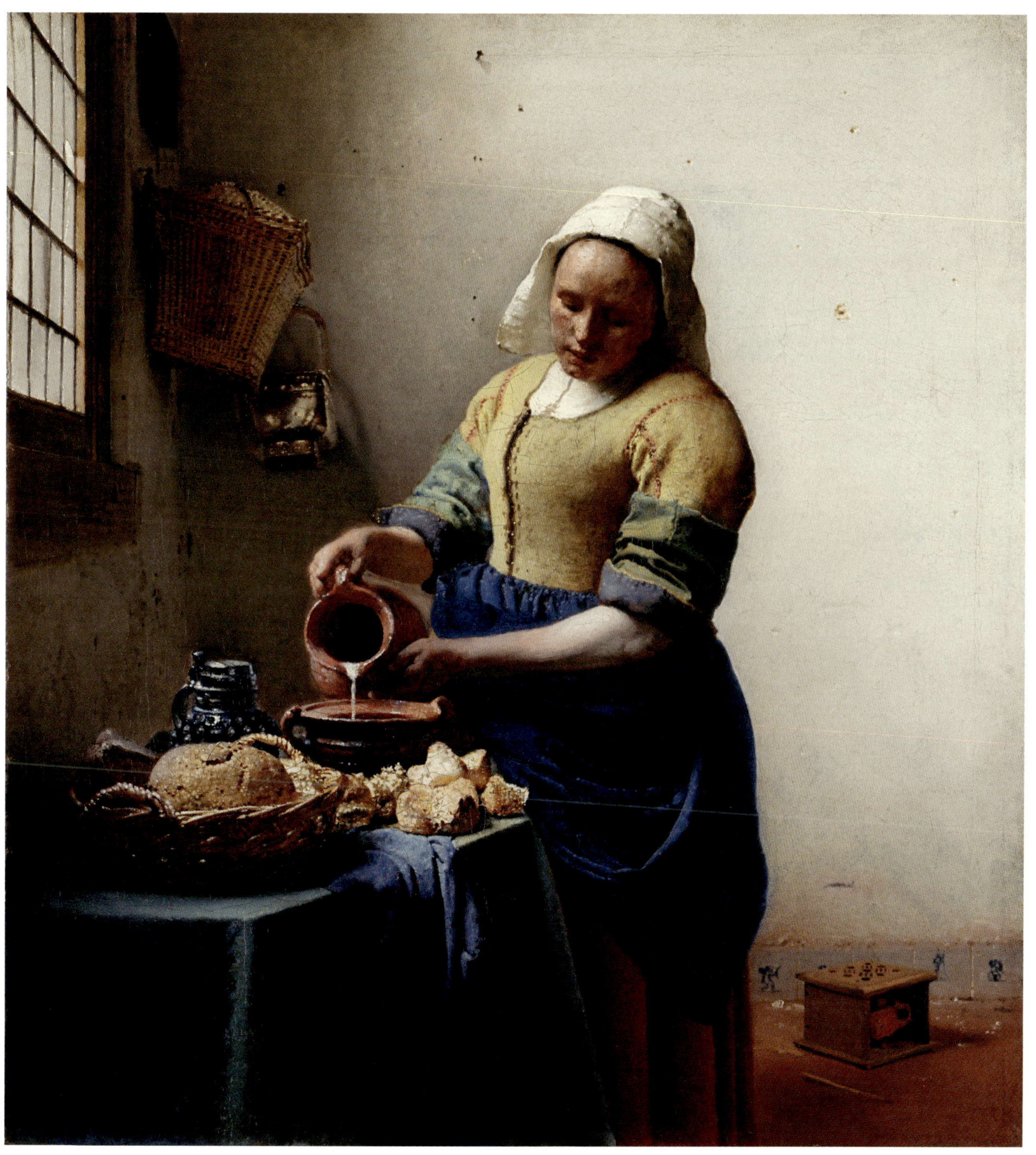

Junge Frau mit Wasserkrug, um 1662–64
Öl auf Leinwand, 45,7 x 40,6 cm
New York, The Metropolitan Museum of Art, Gift of Henry G. Marquand, 1889

Die Frau befindet sich im Widerstreit der Gefühle, der Güterabwägung: soll sie der Putzsucht und Eitelkeit nachgeben (Perlenkästchen) oder maßhalten (Wasserkrug)?

Spinnrocken und der Spindel streckt und für sich selbst Decken und feine Leinwand herstellt. Diese Bibelstelle wurde in der Ehetraktat-Literatur der frühen Neuzeit immer wieder angeführt.

Vermeer hat die Situation aus der Nähe beobachtet. Die Verwendung der (nicht fokussierten) Camera obscura als Hilfsmittel wird an den Randunschärfen der Farben deutlich, besonders an den weißlichgelben und roten Fäden, die aus dem dunkelblauen Klöppelkissen mit seinen gelben Querstreifen herauszufließen scheinen und sich auf dem Tischteppich kräuseln (vgl. Abb. S. 93). Die abstrahierende Pointillé-Technik lässt auch die anderen Bestandteile des von der Frau bedienten Apparats, etwa das Klöppelpolster, die darin aufgesteckten Nadeln, um die die Holzstäbchen mit dem Zwirn hin- und hergeworfen werden, und den Musterbrief, undeutlich verschwimmen. Das Klöppelgerät mit dem Holzgestell ist eine komfortable Einrichtung, vergleicht man sie mit dem einfachen Klöppelkissen, mit dem die *Spitzenklöpplerin* (Abb. S. 65) von Caspar Netscher (um 1636–1684) in einem kahlen Raum arbeitet.

Detail aus ***Junge Frau mit Wasserkrug***
(Abb. S. 69)

Glanzlichter und Reflexe der silbernen Schüssel und Kanne bestehen aus kleinen Flächen, die bei der Betrachtung aus der Nähe oder mit dem Vergrößerungsglas ein abstrakt anmutendes Muster bilden. Sie vermitteln gleichzeitig jedoch eine perfekte Illusion der Realität, wie sich etwa in den schwach schimmernden Farbreflexen des Teppichs auf der Unterseite der Schüssel zeigt.

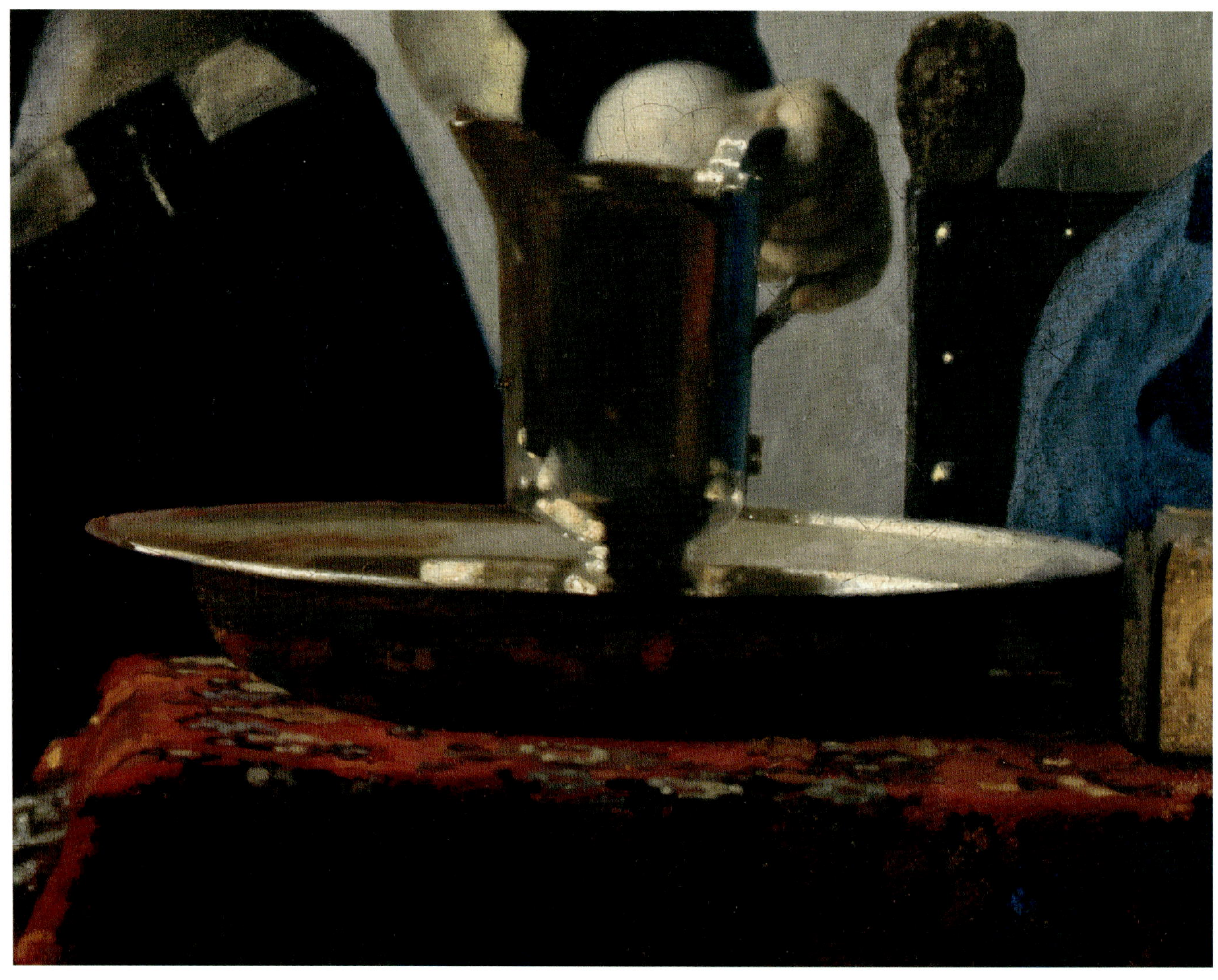

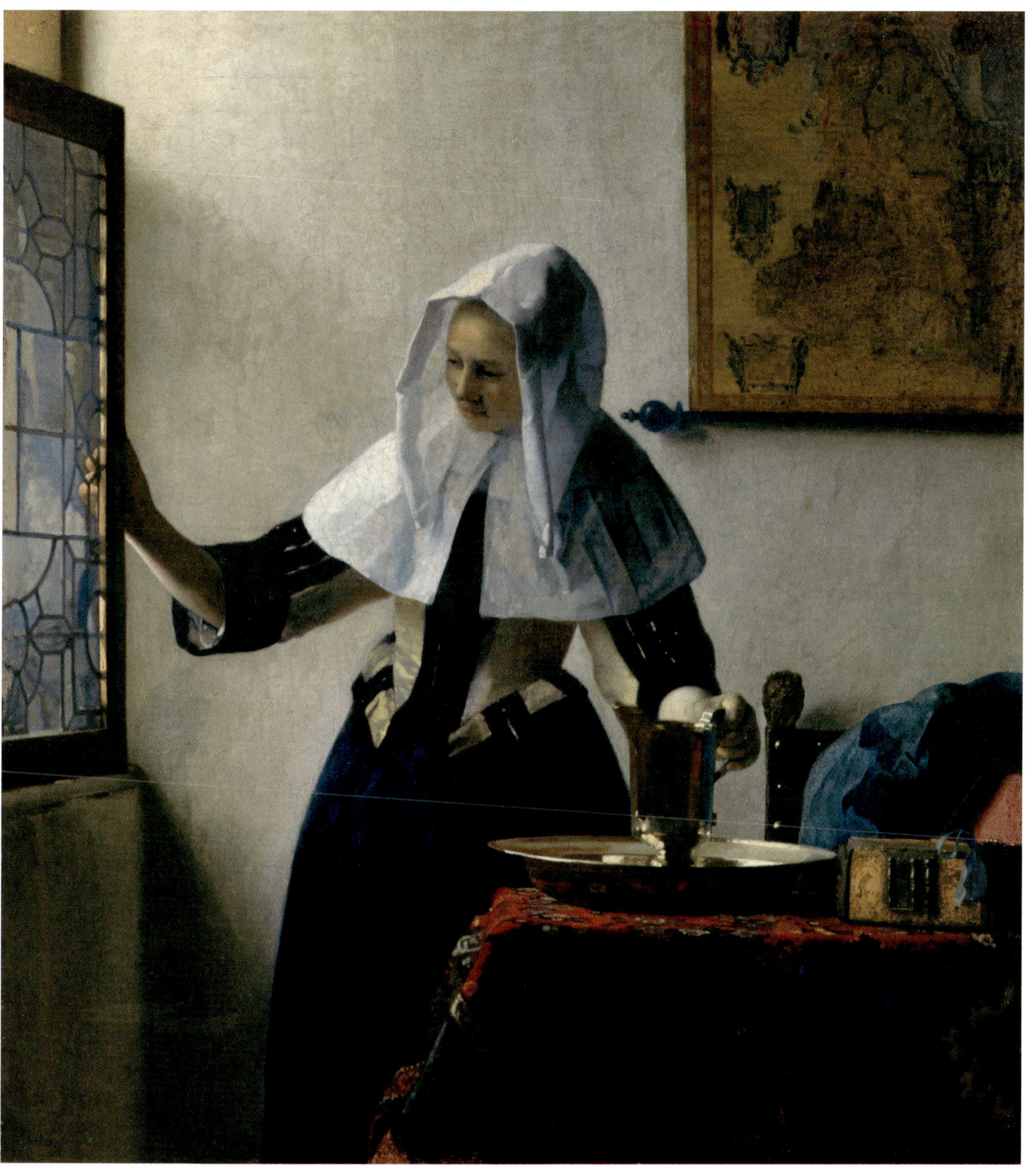

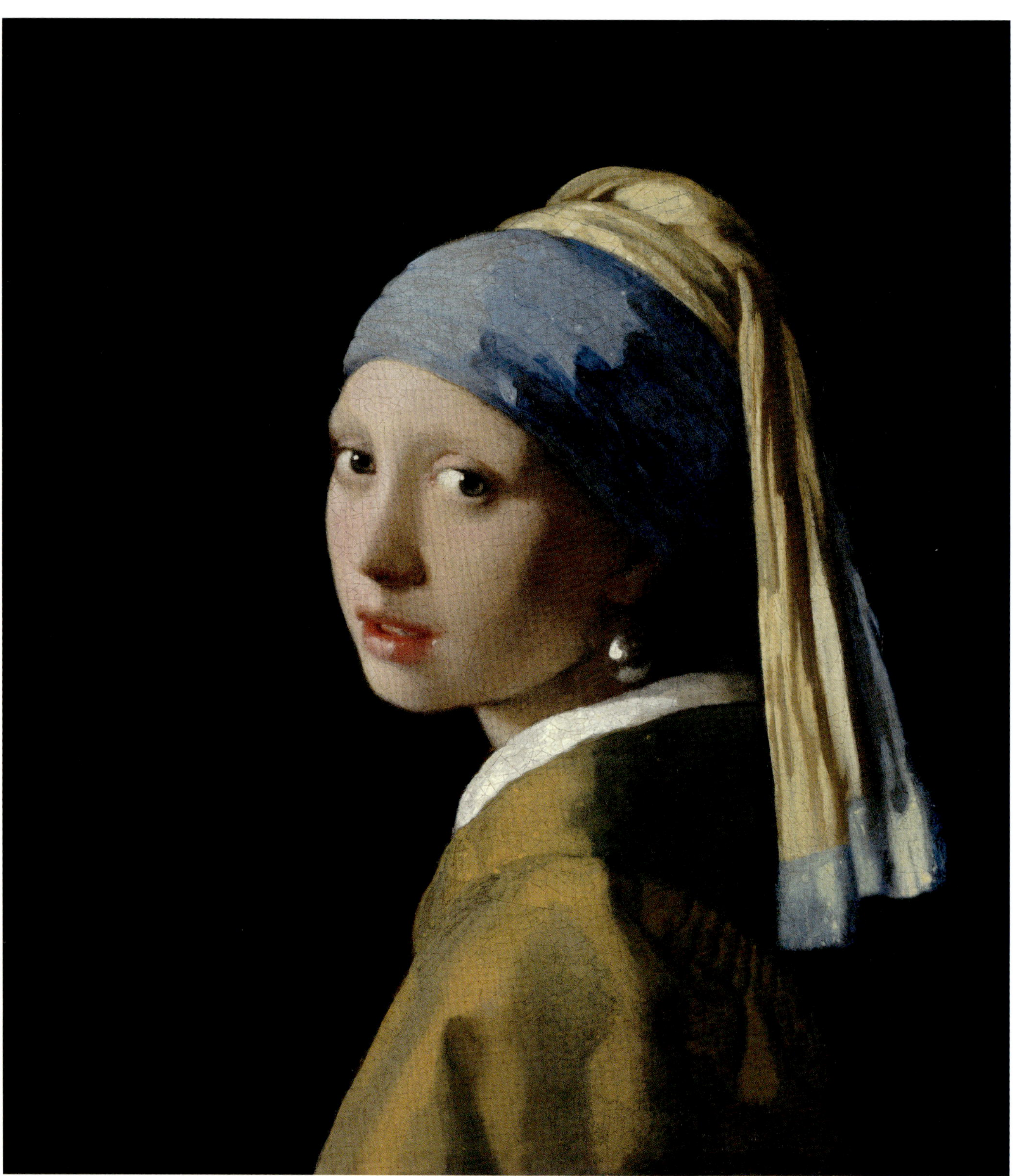

Turbane, Orientperlen, Chinoiserien

Porträtähnliche Frauendarstellungen

Überwiegend hat Vermeer junge Frauen in einem – wenn auch nur schwach angedeuteten – narrativen Zusammenhang dargestellt. Die Vorstellung einer Handlung wird dabei durch das ihnen beigegebene Attribut, zum Beispiel ein Musikinstrument oder eine Goldwaage, hervorgerufen. Neben diesen „genrehaften" Bildern gibt es in seinem Œuvre aber auch drei Gemälde, bei denen derlei Elemente fehlen, sodass sich der Eindruck aufdrängt, es handele sich bei ihnen um Bildnisse, zumal die Frauen wie bei dieser Malereigattung nahansichtig erscheinen.

Freilich ist eine solche Schlussfolgerung nicht zwingend, denn für nicht wenige Porträts der frühen Neuzeit sind Aktivität oder geistige Handlung andeutende Attribute von konstitutiver Bedeutung, und umgekehrt muss nicht jede Darstellung, die der Erscheinungsform eines Bildnisses entspricht, porträtmäßig, im Sinne einer bewussten und beabsichtigten individualisierenden Charakterisierung, aufgefasst sein. Gerade beim sogenannten Portrait histoiré, bei dem der Dargestellte verkleidet ist und in eine fremde Rolle schlüpft, ist oft schwer zu entscheiden, ob eine Individualisierungsabsicht vorliegt oder das Modell sein Äußeres für einen anderen Darstellungszweck nur „leiht".

Ein solches Problem stellt sich auch bei Vermeers berühmtem *Mädchen mit dem Perlenohrring* (Abb. S. 70). Vor einem dunklen, nach Schwarz tendierenden, neutralen Hintergrund, der eine stark plastische Kontrastwirkung ermöglicht, wendet das in Seitenansicht wiedergegebene Mädchen sein Gesicht dem Betrachter zu. (In Fragment 232 seines Malereitraktats hatte Leonardo da Vinci bereits erörtert, wie auf einem dunklen Hintergrund ein Ding heller erscheint und umgekehrt). Der Mund ist leicht geöffnet, wie so oft in der niederländischen Malerei ein Zeichen dafür, dass die Person den Betrachter in illusionistischer Überschreitung der Bildgrenze gleichsam anspricht. Der Kopf ist leicht geneigt, sodass der Eindruck träumerischer Gedankenverlorenheit aufkommt, und doch fixiert der Blick aufmerksam den Betrachter.

Das Mädchen ist mit einer applikationslosen, bräunlichgelben Jacke bekleidet, gegen die das leuchtende Weiß des Kragens absticht. Einen weiteren Kontrast bildet der blaue Turban, von dessen Spitze ein zitronengelbes, schleierartiges Tuch auf die Schulter herabfällt. Vermeer arbeitet hier mit einfachen, fast palettenreinen Farbelementen, er reduziert die Skala der Farbtöne. Die so geschaffenen

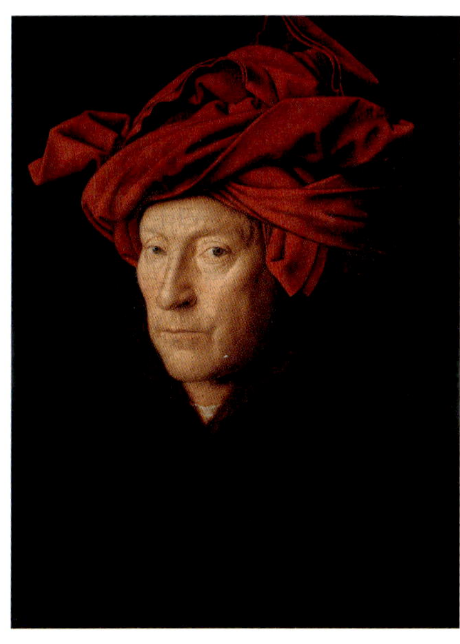

Jan van Eyck
Porträt eines Mannes (Selbstbildnis?), 1433
Öl auf Eichenholz, 26 x 19 cm
London, The National Gallery

Turbane waren in Europa schon 200 Jahre vor Vermeer ein beliebtes modisches Accessoire, wie wir es auch in Jan van Eycks vermutlichem Selbstbildnis finden.

Das Mädchen mit dem Perlenohrring,
um 1665–67
Öl auf Leinwand, 45,5 x 39 cm
Den Haag, Koninklijk Kabinet
van Schilderijen Mauritshuis

Studienkopf einer jungen Frau, um 1665–67
Öl auf Leinwand, 44,5 x 40 cm
New York, The Metropolitan Museum of Art, Gift of Mr. and Mrs. Charles Wrightsman in memory of Theodore Rousseau

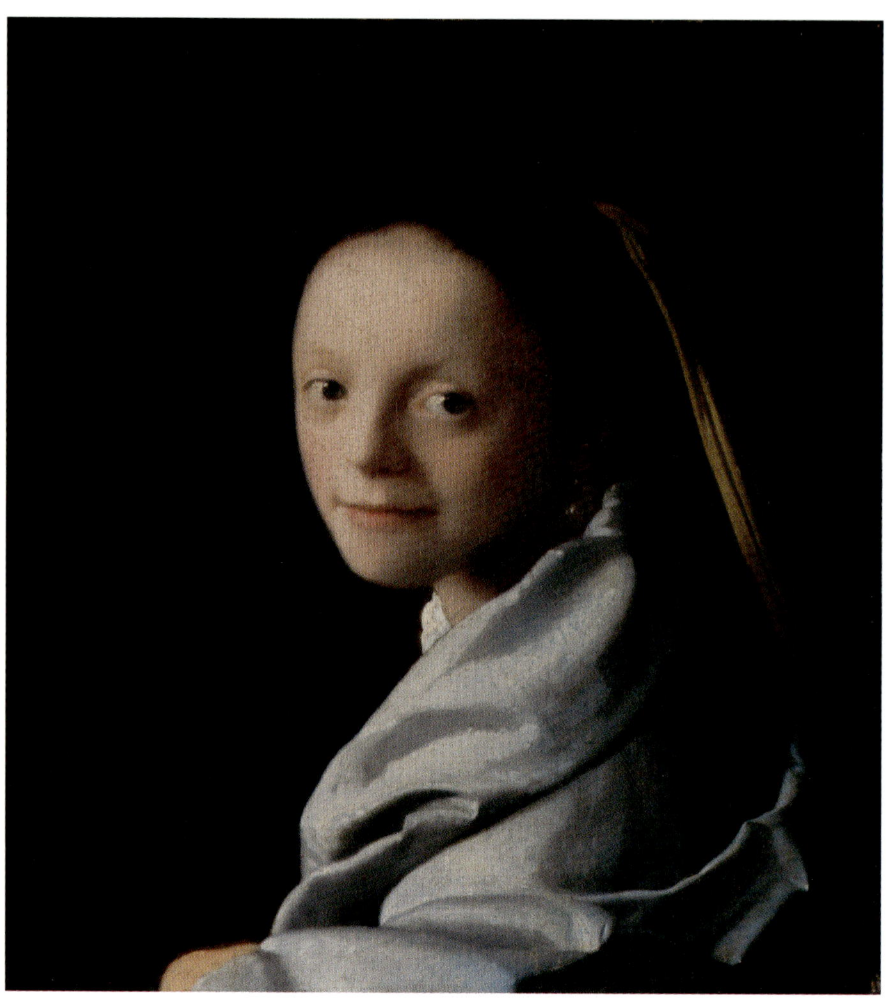

wenigen Farbflächen werden durch schattenbildende Lasuren desselben Pigments modelliert.

Exotisch wirkt die Kopfbedeckung des Mädchens. Turbane waren in Europa schon im 15. Jahrhundert ein beliebtes modisches Accessoire, wie Jan van Eycks (um 1390–1441) vermutliches Selbstbildnis in der Londoner National Gallery belegt (Abb. S. 71). In der Zeit der Türkenkriege übten der ferne Lebensstil und die fremdartige Kleidung des „Feindes der Christenheit" eine große Faszination aus. Besonders auffällig ist auf Vermeers Bild die große, tropfenförmige Perle am Ohr des Mädchens, die sich, teilweise golden funkelnd, von der Schattenzone des Halses abhebt.

In seiner Schrift *Introduction à la vie devote* (1608), die 1616 in niederländischer Übersetzung herauskam, schrieb der Mystiker Franz von Sales (1567–1622): „Sowohl in der Vergangenheit als auch in der Gegenwart war und ist es bei Frauen Brauch, dass sie sich Perlen an ihre Ohren hängen wegen des Vergnügens, das – wie schon Plinius beobachtet hat – von dem Gefühl herrührt, welches entsteht, wenn sie sich beim Schwingen berühren. Aber da ich weiß, dass Gottes großer Freund, Isaak, als erstes Zeichen seiner Liebe Ohrringe an die reine Rebekka sandte, glaube ich, dass dieses Juwel im geistlichen Sinn bedeutet, dass der erste Teil, den ein Mann von seiner Frau haben und den die Frau getreulich bewahren muss, das Ohr ist, sodass keine andere Rede oder

Johannes Vermeer und unbekannter Vermeer-Nachfolger
Mädchen mit Flöte, um 1665–70
Öl auf Holz, 20 x 17,8 cm
Washington, D.C., National Gallery of Art, Widener Collection

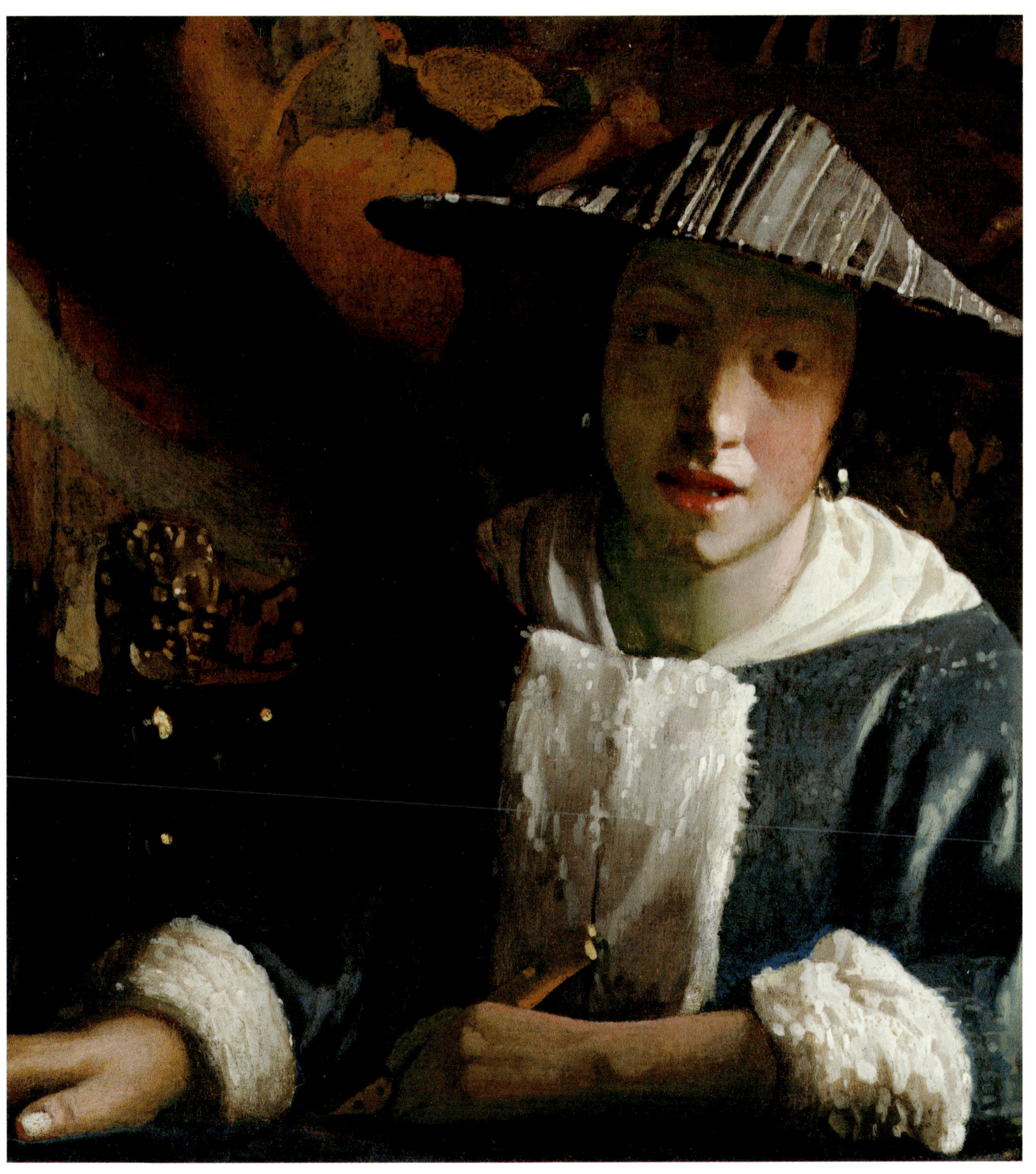

Ton in es eindringen kann als der süße Laut keuscher Worte, welche die orientalischen Perlen des Evangeliums sind."[11]

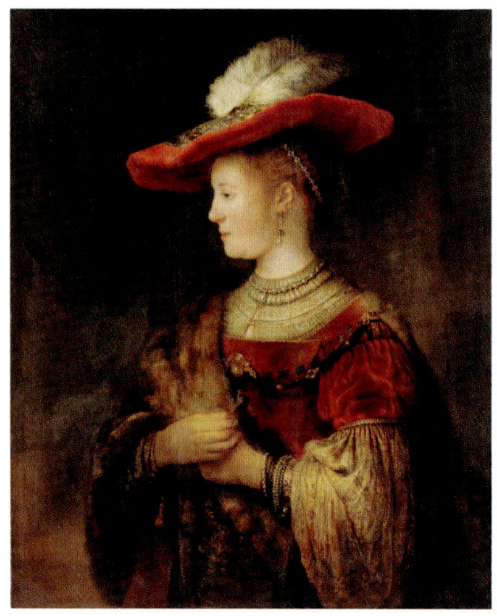

Rembrandt Harmensz. van Rijn
Porträt der Saskia van Uylenburgh im Kostüm des 16. Jahrhunderts, 1633/34–42
Öl auf Holz, 99,5 x 78,8 cm
Museumslandschaft Hessen Kassel, Gemäldegalerie Alte Meister

Rembrandts Saskia van Uylenburgh trägt einen ähnlichen flachen Hut wie Vermeers *Mädchen mit dem roten Hut*. Ein solches Modell basiert auf dem deutschen „Tellerbarett" des 16. Jahrhunderts, wie es etwa Lucas Cranach d. Ä. in seinen Bildern darstellt.

Es ist also deutlich, dass es sich bei der Perle auf Vermeers Bild um ein Keuschheitssymbol handelt. Das „Orientalische", von dem in der zitierten Textstelle die Rede ist, kommt zusätzlich in dem Turban zum Ausdruck. Der Hinweis auf Isaak und Rebekka legt es nahe, das Bild könne anlässlich der Hochzeit der jungen Frau gemalt worden sein. Insofern wäre es ein Porträt.

Eine ähnliche Bewandtnis hat es gewiss mit dem von manchen Vermeer-Forschern in die Spätphase datierten Bild *Studienkopf einer jungen Frau* in vornehmem, grauem Kleid, das sich seit 1979 im Metropolitan Museum of Art, New York, befindet (Abb. S. 72). Auch hier – wenngleich diskreter – der Perlenohrring. In kompositioneller Hinsicht ist das Gemälde ebenfalls mit dem *Mädchen mit dem Perlenohrring* verwandt: Die Frau, deren schwarzes Haar straff aus der Stirn gekämmt und mit dem (Braut-)Schleier verflochten ist, ist wieder von der Seite gesehen, sie schaut über die Schulter, das Gesicht ist aber noch mehr in die Frontalität gewendet. Die Haltung des linken Arms, der angewinkelt auf einer Brüstung ruht, ist eine zusätzliche Variante. Vermeer folgt hier einem Porträttypus, wie ihn Tizian mit seinem sogenannten *Ariosi* eingeführt hatte (um 1510, London, National Gallery).

Das Washingtoner Bild der Widener Collection *Mädchen mit Flöte* (Abb. S. 73) zeigt, aus dem räumlichen Kontext, der unbestimmt bleibt, weitgehend gelöst, in unmittelbarer Betrachternähe eine junge Frau, die sich auf der Kante eines zur scheinbaren Brüstung verkürzt erscheinenden Tisches abstützt. Sie hält in der Linken eine Flöte. Mit leicht geöffnetem Mund – Zeichen direkter Ansprache – blickt sie den Betrachter an. Das Gesicht, vor allem die Augenpartie, ist durch den breiten, kegelförmigen Hut stark verschattet, der wie eine exotische Chinoiserie wirkt. Das Darstellungsverfahren der Gesichtsverschattung dient der Verrätselung des physiognomischen Ausdrucks.

Vermeer hat diese Armhaltung auf dem Gemälde des *Mädchens mit rotem Hut* (Abb. S. 75) wiederholt, nun aber gesehen von der anderen Seite, sodass es der rechte Arm ist, den die Dargestellte abstützt, und zwar auf der Rückenlehne eines mit Löwenköpfen und Ringen gezierten Stuhles. Ganz offensichtlich ist das Bild mithilfe einer Camera obscura entstanden. Darauf deutet die Pointillé-Technik mit den hellen Tupfen und den mitunter verstärkten Lichthöhungen auf den Faltenstegen. Das Licht fällt von schräg oben auf den flauschig-fransigen Hut, dessen Rot im oberen Bereich im Zinnoberton aufleuchtet, während es in der verschatteten Zone dunkel-purpurn erscheint. Die Intensität des Lichts ist so stark, dass der Hut an einigen Stellen transparent wirkt. Die breite Krempe dient dazu, das Gesicht weitgehend in Schatten zu hüllen; nur die linke Wange wird unterhalb des Auges vom Lichtschein getroffen. Die Augen – als Zentrum des Gesichts – werden bewusst verschattet; es ist das Prinzip der „Dissimulatio", das hier angewandt wird, der verrätselnden Verhüllung, die beim Betrachter die Neugier steigern soll.

Mädchen mit rotem Hut, um 1665–67
Öl auf Holz, 22,8 x 18 cm
Washington, D.C., National Gallery of Art, Andrew W. Mellon Collection

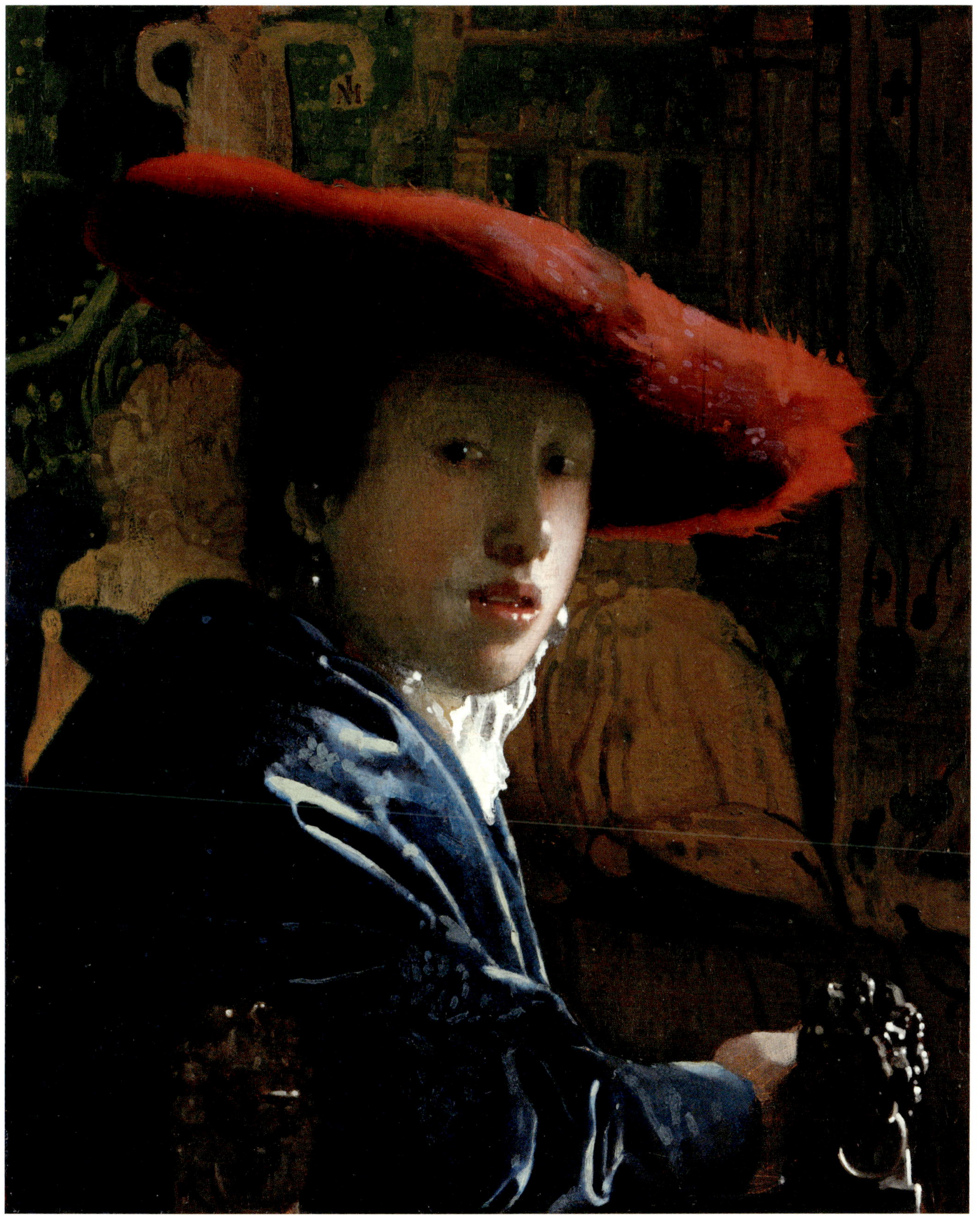

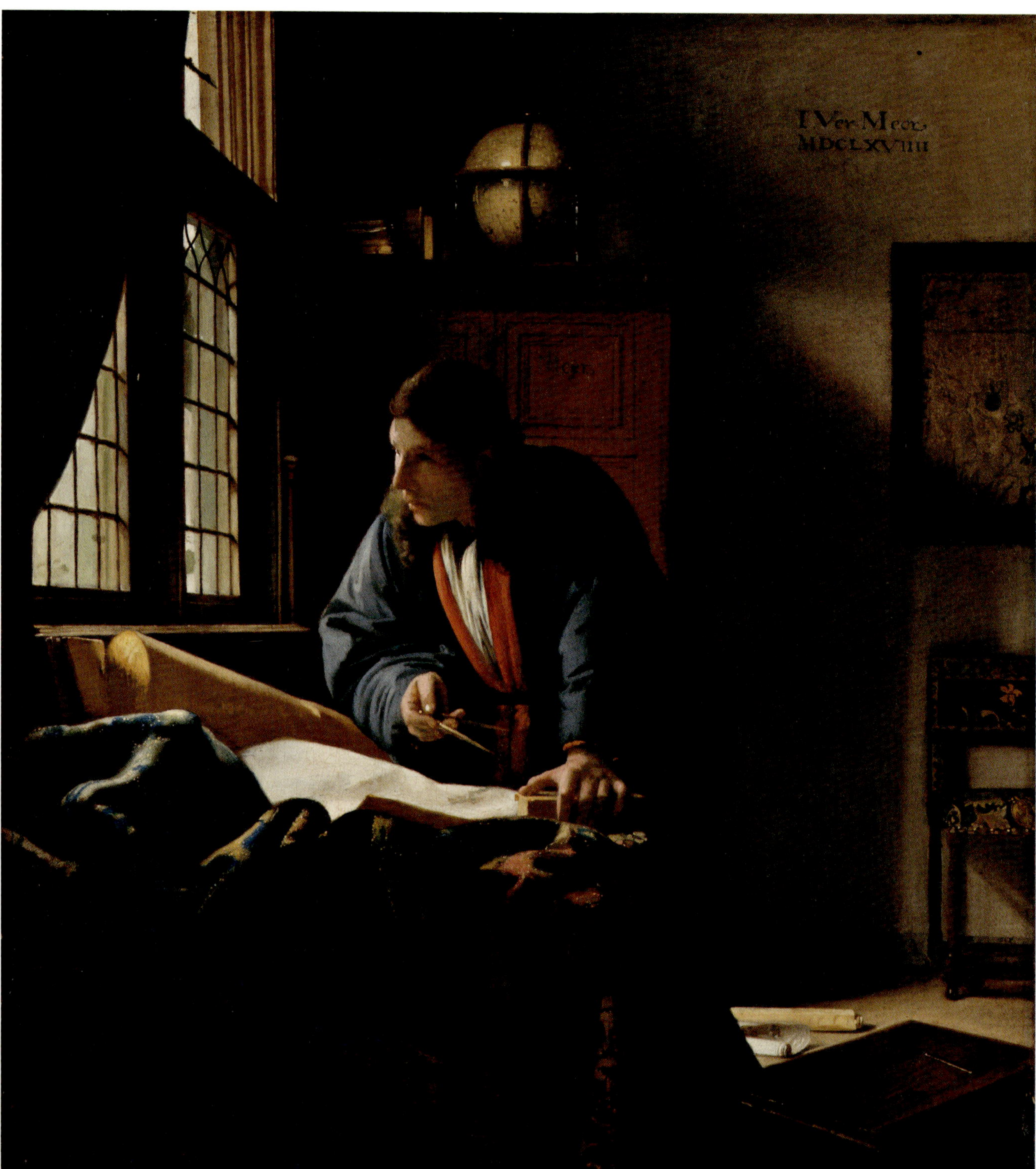
I Ver-Meer
MDCLXVIIII

Repräsentanten der neuen Wissenschaft

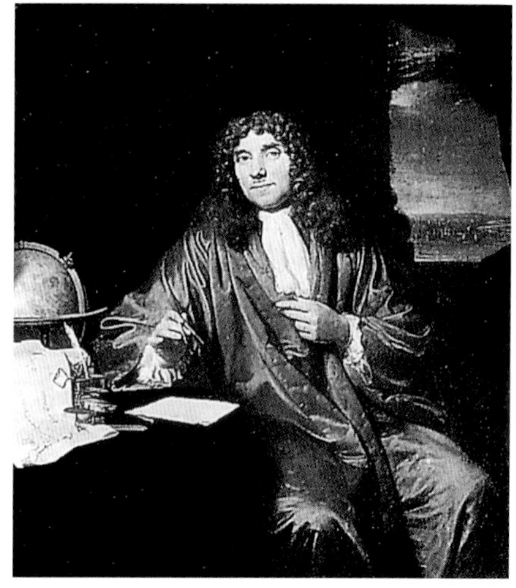

Jan Verkolje
Antoni van Leeuwenhoek, 1680–86
Öl auf Leinwand, 56 x 47,5 cm
Amsterdam, Rijksmuseum

Antoni van Leeuwenhoek, im selben Jahr wie Vermeer geboren, war ein reicher Tuchhändler, der autodidaktisch mit optischen Geräten, besonders mit seinen selbstgebauten 247 Mikroskopen, experimentierte. Als Naturforscher entdeckte er unter anderem die Spermatozoen (1677), Infusorien (1674) und Bakterien (1676). In engem Kontakt stand Leeuwenhoek mit der Royal Society in London, der er seine Forschungsergebnisse mitteilte. Nach dem Tod Vermeers wurde er als dessen Nachlassverwalter eingesetzt.

Geografie und Astronomie

Eines der drei authentisch datierten Werke Vermeers ist *DerAstronom* aus dem Jahre 1668 (Abb. S. 78). Aufgrund der Motivnähe und des annähernd gleichen Formats kann angenommen werden, dass dieses Bild als Pendant zu dem Gemälde *Der Geograph* konzipiert war (Abb. S. 76). In beiden Fällen ist ein Wissenschaftler mit langem, hinter den Ohren gebündelt herabfallendem Haar dargestellt, in einem von der Alltagskleidung abweichenden fußlangen, fast robenartig wirkenden Mantel dargestellt. Dadurch erhalten die Gestalten den geheimnisvollen Charakter von Auserwählten. Ihr Tun vollzieht sich innerhalb geschlossener Räume. Der Astronom bedient kein Teleskop, sondern überprüft am Schreibtisch die Beschreibungen in dem aufgeschlagenen Buch mit den Konstellationen am Himmelsglobus, den er mit seiner rechten Hand in eine bestimmte Position bewegt hat, sodass man die Sternzeichen des Großen Bären (links), des Drachens und des Herkules (in der Mitte) sowie der Lyra (rechts) erkennen kann. James Welu hat herausgefunden, dass der Globus von Jodocus Hondius stammt (Abb. S. 79), und sogar das Buch hat er identifizieren können: Es wurde verfasst von Adriaen Metius (1571–1655) und ist betitelt *Astronomische und geographische Unterweisungen, fundamentale und gründliche Unterweisung in der Sternenkunst und Erdbeschreibung durch den Gebrauch von Himmels- und Erdgloben* (Amsterdam 1621).[12] Hinter dem aufgebauschten Tischteppich gewahrt man ein Astrolabium, das als wichtigstes Instrument in der Astronomie und Seefahrt für die Messung von Winkeln der Positionsbestimmung der Gestirne diente.

Der Geograf überprüft auf im Detail nicht genau erkennbaren kartografischen Plänen mit einem Zirkel Abstände und Entfernungen. Dabei hält er inne und blickt sinnend zum Fenster, von dem Licht auf sein Gesicht fällt, gleichsam ein Zeichen der Erleuchtung. Vermeer malte beide Bilder zu einer Zeit, als sich wissenschaftsgeschichtlich ein radikaler Paradigmenwechsel vollzog. Bis zur Mitte des 17. Jahrhunderts hatte die von konservativen Humanisten wie Sebastian Brant (*Das Narrenschiff*, 1494) vertretene Lehre Bestand, dass es vermessen und ein unzulässiger Eingriff in den göttlichen Heilsplan sei, wenn man sich mit der Natur der Sterne und mit der Geschichte der Erde sowie ihrer Ausdehnung und Beschaffenheit forschend befasse. Sie verhängten über derlei auf Erfahrung und messender Erforschung fundierte Wissenschaft das Verbot der „Curiositas", der wissenschaftlichen Neugierde. Im *Narrenschiff* heißt es im Kapitel „Von der

Der Geograph, 1669
Öl auf Leinwand, 51,6 x 45,4 cm
Frankfurt am Main, Städel Museum

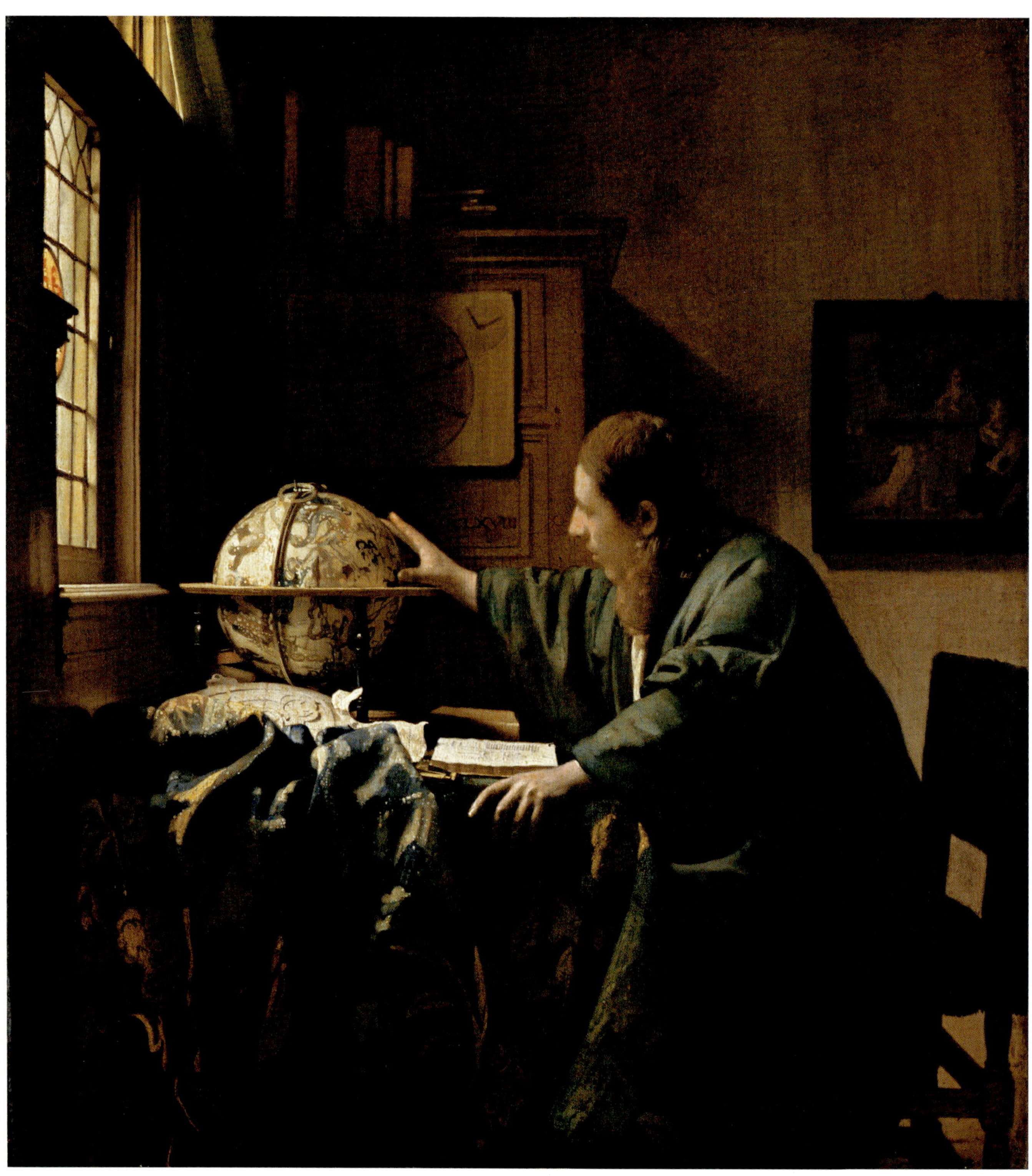

Erforschung aller Länder“[13], dass sich die antiken Wissenschaftler wie Archimedes und Plinius wohlweislich gehütet hätten, alle ihre Erkenntnisse auszuplaudern oder in tiefere Zusammenhänge einzudringen.

Der Astronom wurde gemalt, als Ludwig XIV. in Paris eine Sternwarte errichten ließ (1667–1672). 1668 verbesserte der junge Isaac Newton das von James Gregory 1663 entwickelte Spiegelreflektorteleskop. Über ein Jahrzehnt zuvor hatte Christiaan Huygens im Haag mit seinen Fernrohren den sechsten Saturntrabanten entdeckt. Astronomische Aktivitäten wie die hier genannten hatten große praktische Bedeutung für die Navigation, sie standen im weitesten Sinne im Dienste des (See-)Handels. Solche praktischen Aspekte und empirischen Ansätze scheinen auf Vermeers Astronomen-Bild keine wesentliche Rolle zu spielen. Bezeichnend genug, dass der Sternforscher in einem Innenraum arbeitet, ohne am offenen Fenster zum Himmel aufzublicken wie etwa Gerard Dous *Astronom* (1657). Das legt nahe, dass er sich doch mehr der alten erfahrungsunabhängigen Wissenschaft der Astrologie, der Sterndeutung, widmet, also ein Horoskop stellt. Die Übergänge von Astrologie zu Astronomie waren zu dieser Zeit noch fließend. Bekanntlich betätigten sich bereits der Erfahrung verpflichtete Himmelsforscher wie Johannes Kepler und Tycho Brahe noch als Astrologen. Einen Hinweis darauf, dass es sich bei Vermeers Bild in der Tat um die Stellung eines Horoskops handelt, mag das Bild an der Wand geben, das die Auffindung des Moseknaben (2. Mose 2,1–10) zeigt. Die Geburt des Mose galt als Präfiguration der Geburt Christi, zwischen beiden Konstellationen bestand also der christlichen Lehre zufolge ein kosmologisch begründeter Zusammenhang. Man verglich die Verfolgung der israelischen Kinder, darunter des in einer Kiste im Nil ausgesetzten Mose, mit der Flucht der heiligen Familie nach Ägypten vor dem von Herodes angeordneten Bethlehemitischen Kindermord.

Welu, der die Stelle in dem vom *Astronomen* aufgeschlagenen Buch von Metius hat rekonstruieren können, meint, dass die dort zu findenden Ausführungen über die frühesten Sternforscher von Vermeer auf Mose bezogen wurden, da dieser nach Apostelgeschichte 7,22 als in der Weisheit Ägyptens bewandert bezeichnet wird, womit besonders die Astronomie gemeint gewesen sei.[14] Es bleibt aber die Frage, warum Vermeer gerade diese Episode aus der Mose-Geschichte gewählt hat, die nichts mit seinen Fähigkeiten als Sternforscher zu tun hat. Wie schon gezeigt wurde, hat Vermeer dieses von ihm zitierte Bild der Auffindung des Mose noch in einem anderen Zusammenhang verwendet (Abb. S. 58) und dabei durchaus in sehr spezifischer Weise auf die Umstände seiner Geburt und nicht bloß auf die Person des Patriarchen im allgemeinen angespielt. Vermeers Bild des *Astronomen* ist hinsichtlich des Sinngehalts nicht eindeutig einem bestimmten Wissenschaftsparadigma zuzuweisen. Weder wird die Astrologie abgelehnt noch wird für die neue Wissenschaft der Astronomie plädiert.

Der Geograf arbeitet vielleicht schon ein wenig mehr im „modernen“ Sinne, denn die nautische Pergamentkarte an der Wand – es ist die von Willem Jansz. Blaeu 1600 herausgegebene Seekarte von Europa (*Pascaarte van alle zee-custen van Europa*) – verweist, anders als das Mose-Bild, nicht auf spirituelle Aspekte, sondern auf den praktischen Nutzen der Wissenschaft der Erdbeschreibung für die Seefahrt. In den späten 1660er-Jahren beschäftigten Probleme des Seehandels die niederländische Nation: In dem unter Admiral de Ruyter siegreich beendeten Seekrieg gegen England (1665–67) ging es um die Vorherrschaft in der Nordsee, um Fischereirechte und den Schutz der niederländischen Frachtschiffahrt, die durch Protektionsmaßnahmen der englischen Regierung zugunsten ihrer Kaufmannsgilden gefährdet war.

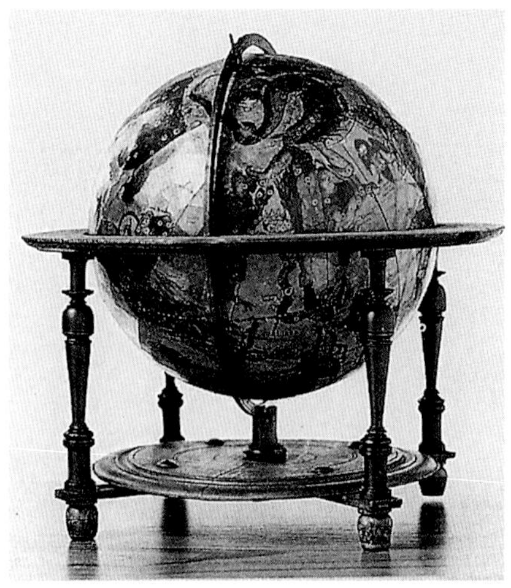

Jodocus Hondius
Himmelsglobus, 1600

Es handelt sich um den Himmelsglobus, den Vermeer auf seinem Gemälde *Der Astronom* abbildete.

Der Astronom, 1668
Öl auf Leinwand, 51,5 x 45,5 cm
Paris, Musée du Louvre

Das Buch, das der seherhaft gekleidete Astronom aufgeschlagen vor sich liegen hat, konnte identifiziert werden: Es wurde 1621 von dem Astronomen Adriaen Metius verfasst.
Der Globus stammt von Jodocus Hondius.

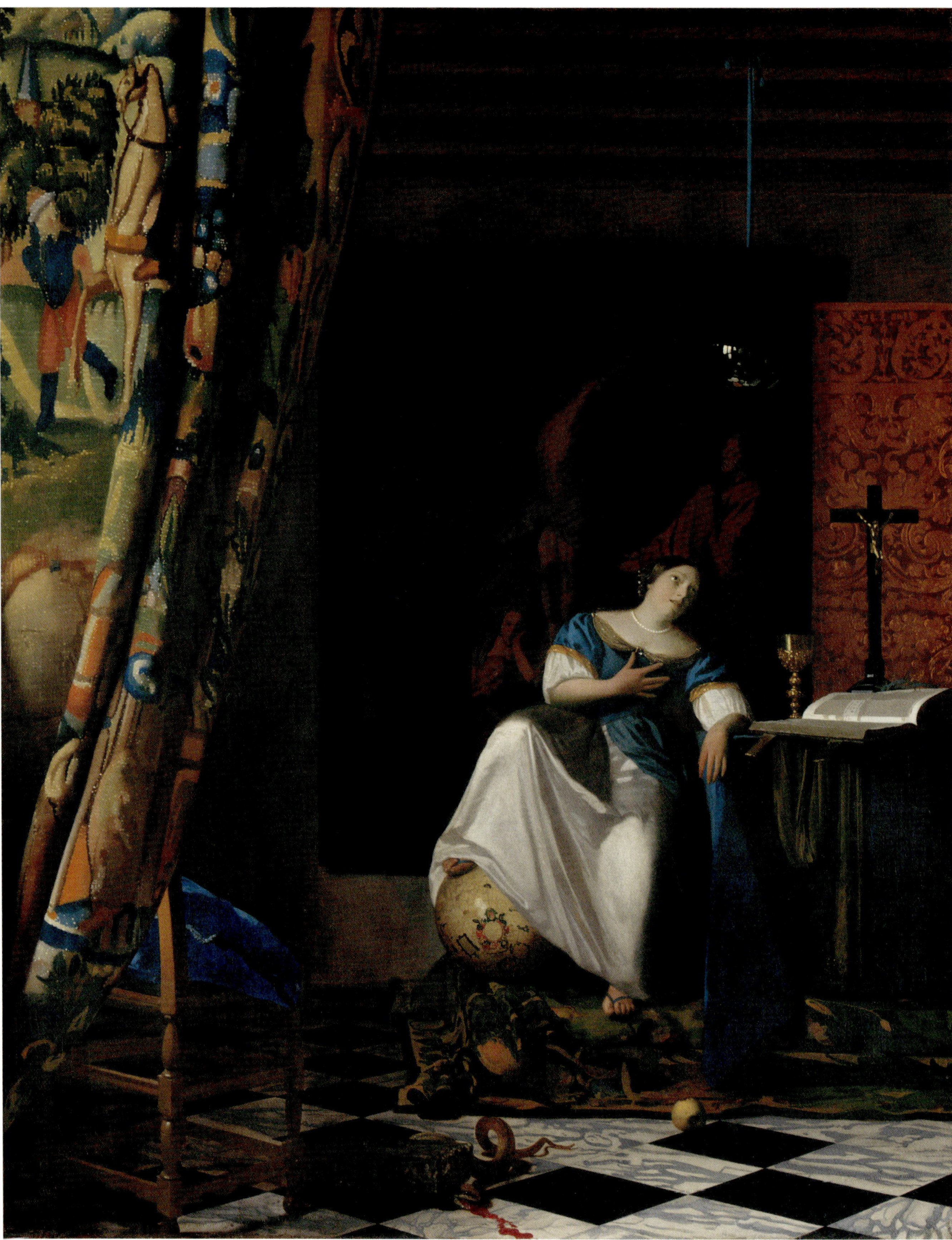

„Kräftig und voller Glut gemalt“

Allegorie des Glaubens

Im Werk Vermeers sind es zwei Gemälde, deren Thematik sich grundlegend von der der anderen, zumeist alltagsnah „realistischen“ unterscheidet. Beide haben allegorischen Charakter, es geht bei ihnen um die metaphorische Veranschaulichung abstrakter Begriffe. Im einen Fall wird die Personifikation des Glaubens dargestellt (Abb. S. 80), im anderen ist es eine Muse, die mit ihren Attributen wie eine Personifikation ausstaffiert ist und dem Bild seinen Sinngehalt verleiht (Abb. S. 85).

In dem Amsterdamer Verkaufskatalog von Herman van Swoll (22. April 1699) wird die *Allegorie des Glaubens* (Abb. S. 80) mit folgenden Worten charakterisiert: „Eine sitzende Frau, bedeutungsvoll, das Neue Testament darstellend ... kräftig und glühend gemalt“. Als Preis waren 400 Gulden angesetzt, eine bemerkenswert hohe Summe, die offenbar sowohl dem anspruchsvoll gelehrten Thema als auch dem Format (das Bild misst 114,3 x 88,9 cm) gerecht zu werden suchte, durchaus aber auch, wie die Zusatzbemerkung verrät, der Malweise.

Die Vermeer-Forschung hat schon früh Zweifel daran geäussert, ob die Identifizierung des Bildmotivs als „Neues Testament“ überhaupt zutreffe. A. W. Barnouw konnte bereits 1914 überzeugend nachweisen, dass sich Vermeer ganz offensichtlich an Cesare Ripas *Iconologia* (in der niederländischen Übersetzung von Dirck Pers, 1644) orientiert hat, wo die meisten von ihm eingesetzten Bildelemente als Attribute der *Allegorie des Glaubens* erscheinen, also nicht auf das Neue Testament verweisen. Solche ungenauen oder gar falschen Motivbenennungen wie die in dem Verkaufskatalog werden verständlich, wenn man bedenkt, dass sie von Laien stammen, die die eigentlichen Absichten des Künstlers (Vermeer war 24 Jahre zuvor verstorben) nicht mehr kannten.

Übersetzt lautet Ripas Text: „Der Glaube wird durch eine sitzende Frau wiedergegeben, die sehr andächtig einen Kelch in ihrer rechten Hand hält und ihre Linke auf einem Buch abstützt, das auf einem festen Eckstein liegt, der Christus bedeutet. Unter ihren Füßen die Welt. Sie ist in Himmelsblau gekleidet mit einem karmesinroten Oberkleid. Hinter dem Eckstein liegt eine Schlange zerquetscht und der Tod mit seinen Pfeilen zerbrochen. In der Nähe liegt ein Apfel, die Ursache der Sünde. Hinter ihr hängt eine Dornenkrone an einem Nagel (...)“. Vermeer hat sich nicht sklavisch an alle diese Angaben gehalten, immerhin aber die meisten befolgt. So vermisst man das rote Oberkleid, das Motiv des Todes, und die

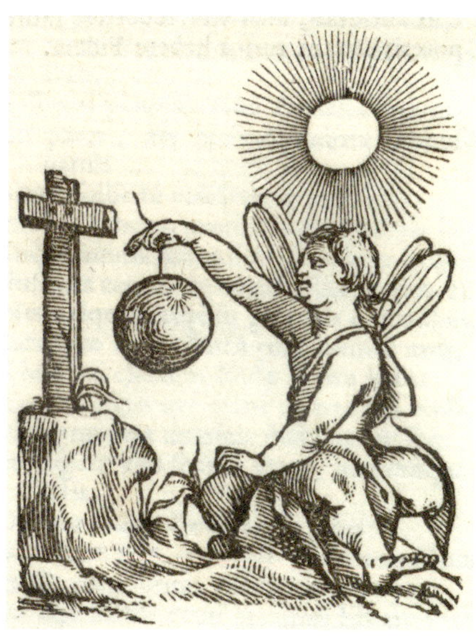

J. C. Jegher
Emblem „Capit Quod Non Capit“
Illustration aus Guilielmus Hesius, *Emblemata sacra de fide, spe, charitate*, Antwerpen 1636

Allegorie des Glaubens, um 1671–74
Öl auf Leinwand, 114,3 x 88,9 cm
New York, The Metropolitan Museum of Art, The Friedsam Collection, Bequest of Michael Friedsam, 1931

Vermeers *Allegorie des Glaubens* greift manche Details der Fides-Darstellung in Cesare Ripas *Iconologia* (1644) auf.

Dornenkrone, die aber auf dem Gemälde an der Wand mit der Kreuzigung Christi als dem Mysterium des Glaubens erscheint. Die von der Balkendecke herabhängende Glaskugel entlehnte Vermeer vermutlich dem Emblembuch des Jesuiten Guilielmus Hesius (*Emblemata sacra de fide, spe, charitate*, Antwerpen 1636; Abb. S. 81), wo sie als Symbol des menschlichen Verstandes bezeichnet wird. Ursprünglich spielte dieser Gegenstand in der Wahrsagekunst, besonders der Kristallomantie, der Weissagung aus spiegelnden Gläsern, eine zentrale Rolle.

Vermeer hat die Situation in einen bürgerlichen Innenraum verlegt. Es dürfte sich dabei – wie bei den meisten seiner Genrebilder – um eines der großen Zimmer im Hause seiner Schwiegermutter Maria Thins handeln, die er mit seiner Familie bewohnte. Die Kombination von abstrakter, blutleer erscheinender theologischer Thematik und Alltags-„Realismus" auf diesem Bild mutete viele Vermeer-Interpreten grotesk an. Zumal die nach ihrem Herzen fassende pathetische Geste der Fides, ihr nach oben gerichteter, heute eher etwas bigott erscheinender Blick und ihre komplizierte Sitzhaltung mit dem auf dem Globus ruhenden rechten Fuß haben negative Bewertungen ausgelöst. So sagt noch Arthur Wheelock Jr. (1988): „As a work of art it is a failure" („Als Kunstwerk ist es ein Fehlschlag"), und John Nash pflichtet einer solchen Auffassung bei, wenn er bemerkt: „It is an odd, unconvincing work" („Es ist ein seltsames, nicht überzeugendes Werk").[15]

Demgegenüber muss aber festgestellt werden, dass die Zeitgenossen das Bild durchaus positiver beurteilten, wie der angesetzte hohe Preis beweist. Was die Interieursituation betrifft, so ist daran zu erinnern, dass Vermeer hier noch ganz in der Tradition der altniederländischen Malerei (Van Eyck und Nachfolger) steht, für die eine Anverwandlung religiöser Motive an die vertraute Lebenswelt charakteristisch war. Dadurch sollten die biblischen Stoffe und ihre theologischen Sinndeutungen den Gläubigen nahegebracht und erlebbar gemacht werden, als eine sie unmittelbar betreffende Angelegenheit. Vermeers *Allegorie des Glaubens* (Abb. S. 80) wird allgemein als ein katholisch ausgerichtetes Bild bestimmt. Man nimmt an, dass es von den Patres der Delfter Jesuitenmission bestellt worden ist, da seine Symbolik auch jesuitischer Ikonografie nahesteht. Aber für diese These gibt es keine eindeutigen Belege.

Interessant ist, dass Vermeer für die „Welt" einen von Hondius 1618 geschaffenen Erdglobus einsetzt, dessen Kartusche nicht ohne Absicht dem Betrachter zugekehrt ist. Ihre Inschrift feiert Prinz Maurits von Nassau-Oranien (1567–1625), den damaligen Statthalter der Niederlande. Vermeer hat damit zweifellos ein politisches Signal gesetzt, im Sinne der Demonstration seiner Verbundenheit mit dem Hause Oranien. Eine solche Einstellung ist für viele Delfter Künstler (Bramer, Christiaen van Couwenbergh, Houckgeest u. a.) nachweisbar, die teilweise für den Haager Hof arbeiteten. Wenn nicht alles täuscht, sind in dem links zur Seite geschlagenen Teppichvorhang – wie immer bei Vermeer ein Motiv der „Offenbarung" – heraldische Symbole dieser Statthalter-Dynastie zu entdecken: zum einen die Orangenfrucht, zum anderen die burgundische Lilie (oben). Die Oranier waren als Erben des Hauses Chalon Titularstatthalter der Freigrafschaft Burgund (Franche-Comté), deren Wappen die „Fleur de lis" führte.

Das Atelier des Malers

Geradezu als sein künstlerisches Vermächtnis, als Programm seines Kunstwollens, ist von vielen Kunsthistorikern Vermeers berühmtes Wiener Bild *Die Malkunst* gedeutet worden (Abb. S. 85). Dies kommt in dem von den Interpreten häufig verwendeten Bildtitel *Das Lob der Malkunst* (so bei Hans Sedlmayr) zum Aus-

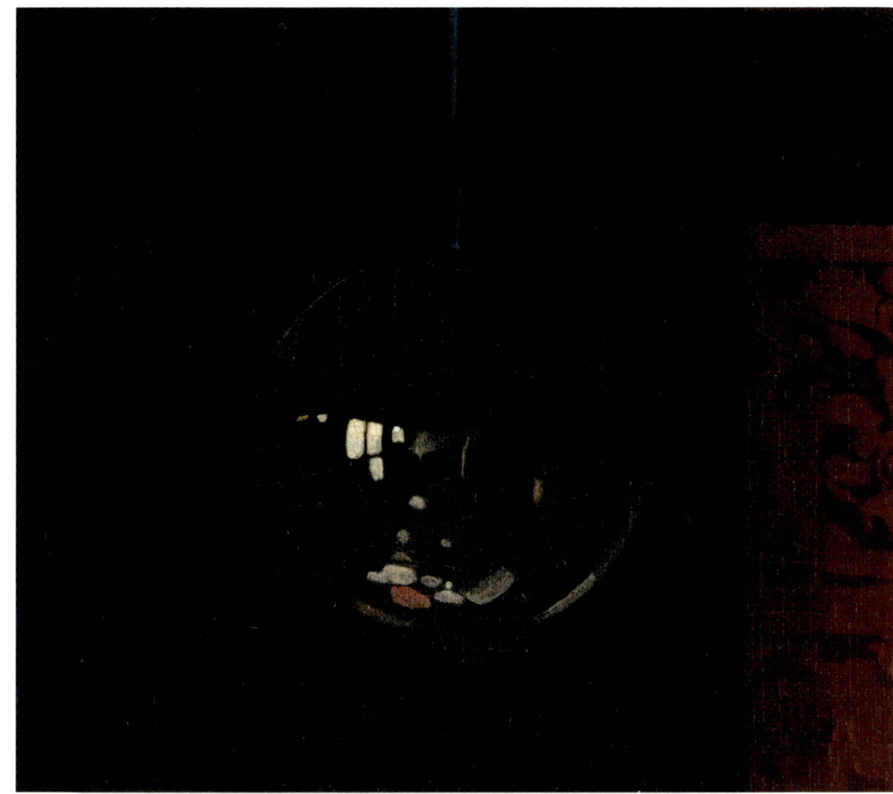

Detail aus ***Allegorie des Glaubens*** (Abb. S. 80)

Die von der Decke herabhängende Kugel entlehnte Vermeer wohl dem Emblembuch des Guilielmus Hesius (Abb. S. 81), wo sie als Symbol für den menschlichen Verstand bezeichnet wird.

druck. Gesteigert wird damit die alte, eher bewertungsneutrale Angabe in der notariellen Notiz vom 22. oder 24. Februar 1676, in der es zur Schuldenabgeltung um die Überlassung des Bildes von Vermeers Witwe Catharina Bolnes an ihre Mutter Maria Thins ging. Es heißt dort: „(...) ein Bild, gemalt von ihrem oben erwähnten verstorbenen Ehemann, darstellend die Malkunst". Wie bei der *Allegorie des Glaubens* wurde hier wieder von Laien ein Bildtitel angegeben, der nur ungefähr den tatsächlichen ikonografischen Sachverhalt trifft. Denn die als solche leicht erkennbare Personifikation auf dem Bild, eine junge Frau in blauer Seidenrobe und gelbem Rock, die mit einem Blätterkranz bekrönt ist, in der Rechten eine Posaune und in der Linken ein Buch mit gelbem Einband hält, ist keineswegs eine *Allegorie der Malkunst* („Schilderconst"; lat. *pictura*), sondern – daran besteht heute kein Zweifel mehr – die Muse Clio, die Patronin der Geschichte.

Auch hier hat sich Vermeer wieder auf einen Darstellungstyp in Cesare Ripas *Iconologia* (in der schon genannten niederländischen Ausgabe) bezogen. Das Thema auf Vermeers Bild ist somit nicht die Malkunst, sondern die Geschichte, und zwar die Geschichte ruhmreicher militärischer Siege. Daran ändert auch nichts die Tatsache der zweifellos zentralen Position des Malers im Bild, der, – in Rückenansicht, somit anonym – auf einem Schemel an der Staffelei sitzend, damit beschäftigt ist, auf der sonst leeren Leinwand ein Detail von Clio, ihren Blätterkranz, zu malen. Die leere Leinwand war seit der Renaissance ein Symbol für den „Concetto", die künstlerische Idee, die erst im Malprozess materielle Gestalt annimmt.

Da der Maler im Vorgang des Abbildens dargestellt ist, seine Tätigkeit von Vermeer also als dienende bestimmt wird, kann es sich nicht um das Lob der Malkunst handeln, denn der Maler preist nicht Pictura, sondern Clio und über sie die Historie, genauer gesagt: ein bestimmtes historisches Ereignis.

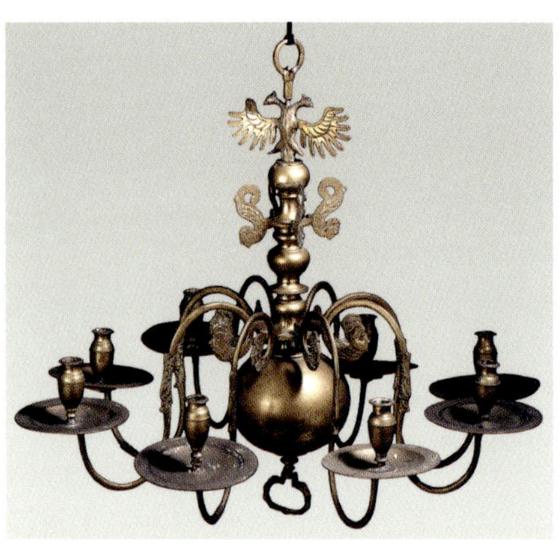

Kronleuchter mit sechs Armen, um 1625–50
Messing, Höhe 65 cm, ø 73 cm
Mecheln, Stedelijke Musea

Die Malkunst, um 1673
Öl auf Leinwand, 120 x 100 cm
Wien, Kunsthistorisches Museum, Gemäldegalerie

Die Frau mit dem Blätterkranz im Haar, der Barocktrompete in der Rechten und dem Buch in der Linken ist Clio, die Muse der Geschichte. Vermeer ging es hier wohl weniger um ein „Lob der Malerei", wie immer wieder behauptet wird; vielmehr scheint sich diese allegorische Darstellung auf historische Ereignisse zu beziehen.

Wieder hat Vermeer die Situation in einen Innenraum verlegt, real vielleicht sogar in sein eigenes Atelier, was der im Inventar seiner Schwiegermutter erwähnte schwere Eichentisch links nahelegt. Auf ihm liegen Requisiten, die man früher im Zusammenhang mit kunsttheoretischen Überlegungen gedeutet hat. So nahm man an, es sei Vermeer um das von Leonardo erörterte Problem des „Paragone", des Wettstreits der Künste, gegangen. Die Malerei habe dabei über die Bildhauerkunst, symbolisiert durch die Gesichtsmaske auf dem Tisch, den Sieg davongetragen. Das hochkant stehende Buch, das aufgeschlagene Heft und die vorn herabfließenden Seidentücher hat man in diesem Kontext freilich nicht überzeugend erklären können. Nicht geklärt blieb auch das Verhältnis Clios zu diesen Gegenständen. Ist ihr gesenkter Blick – wie man ihn oft psychologisch interpretierte – als scheu und schüchtern zu bestimmen, oder scheint es nur so? Wäre es nicht denkbar, dass Clio auf die Requisiten als auf Symbole herabschaut, die ihrem Sinngehalt zugeordnet sind? Dann könnten sie Zeichen sein, die in Verbindung mit einer bestimmten historischen Lage stehen. Aber welche Situation könnte das gewesen sein?

Aufschluss gibt vielleicht die einen beträchtlichen Teil des Bildes füllende Karte an der Wand, die von Claes Jansz. Visscher stammt und 1636 geschaffen wurde (Abb. S. 84 unten). Merkwürdig ist – und das hat eigentlich allen Vermeer-Interpreten Kopfzerbrechen bereitet –, dass der Künstler auf einen geografischen Zustand der Niederlande zurückgreift, der zu seiner Zeit politisch längst überholt war. Denn die Karte gibt nicht das Gebiet der Republik der nördlichen Vereinigten Provinzen wieder, sondern – wie auch die Inschrift markant signalisiert – die 17 alten Provinzen vor dem Waffenstillstand mit Spanien 1609.

Die Karte ist zu beiden Seiten mit Stadtansichten gesäumt (links: Brüssel, Luxemburg, Gent, Bergen im Hennegau, Amsterdam, Namur, Leeuwarden, Utrecht, Zutphen und T'Hof van Hollandt in Den Haag; rechts: Limburg, Nijmegen, Arras, Dordrecht, Middelburg, Antwerpen, Mechelen, Deventer, Groningen und T'Hof van Brabant in Brüssel). James A. Welu hat auf die Tatsache aufmerksam gemacht, dass Clio ihre Posaune (traditionell ein Symbol der Gloria, des Ruhms; Clio leitet sich etymologisch von griech. *kléos* = Ruhm ab) vor der Ansicht des Hofes von Holland in Den Haag hält, der die Residenz des oranischen Herrscherhauses war.

Dies ist offenbar eine diskrete demonstrative Geste Vermeers. Es scheint, dass er damit rühmend den Oraniern hat huldigen wollen. Wann aber gab es für ihn zu einer solchen Ehrbezeigung einen Anlass? Man muss sich vergegenwärtigen, dass die Position des oranischen Statthalters lange Zeit sehr schwach war: Jan de Witt (1625–1672), als Ratspensionär höchster gewählter Beamter der niederländischen Generalstaaten, hatte es 1653 in der sogenannten geheimen Akte („Acte van seclusie") erreicht, das Haus Oranien von jedem Staatsamte auszuschließen. Im Ewigen Edikt (1667) wurde dem jungen Statthalter Willem III. (1650–1702) sogar das Amt des militärischen Oberbefehlshabers entzogen. All dies, was von den Anhängern der Statthalterpartei als Schmach empfunden wurde, änderte sich schlagartig, als die Regentenpartei Jan de Witts durch ihre ungeschickte Führung des Krieges gegen Frankreich innenpolitisch in die Defensive geriet: Die in die Niederlande eindringenden französischen Heere Ludwigs XIV. vermochte de Witt nur durch Öffnung der Deiche, die das Land unter Wasser setzte, zurückzudrängen. Damit wurde aber der eigenen Landwirtschaft ein immenser Schaden zugefügt. Der Unmut gegen de Witt wuchs in der Bevölkerung; er und sein Bruder Cornelis wurden von einer aufgebrachten Menge bestialisch umgebracht. Das geschah am 20. August 1672. In dieser Phase

Claes Jansz. Visscher
Wandkarte der Siebzehn Provinzen, 1636
Kupferstiche, koloriert, auf Leinwand aufgezogen
Håbo, Schloss Skokloster

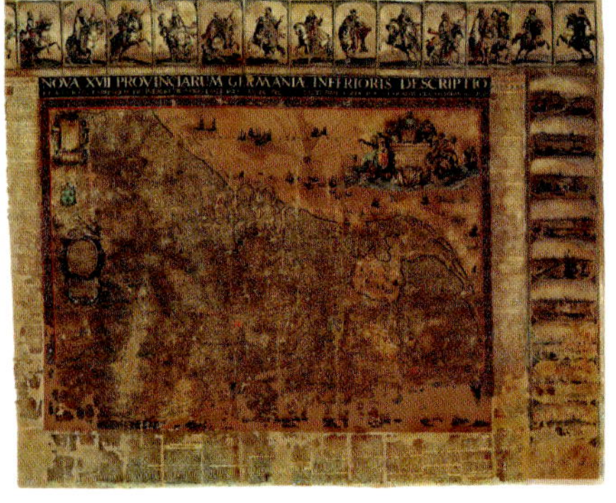

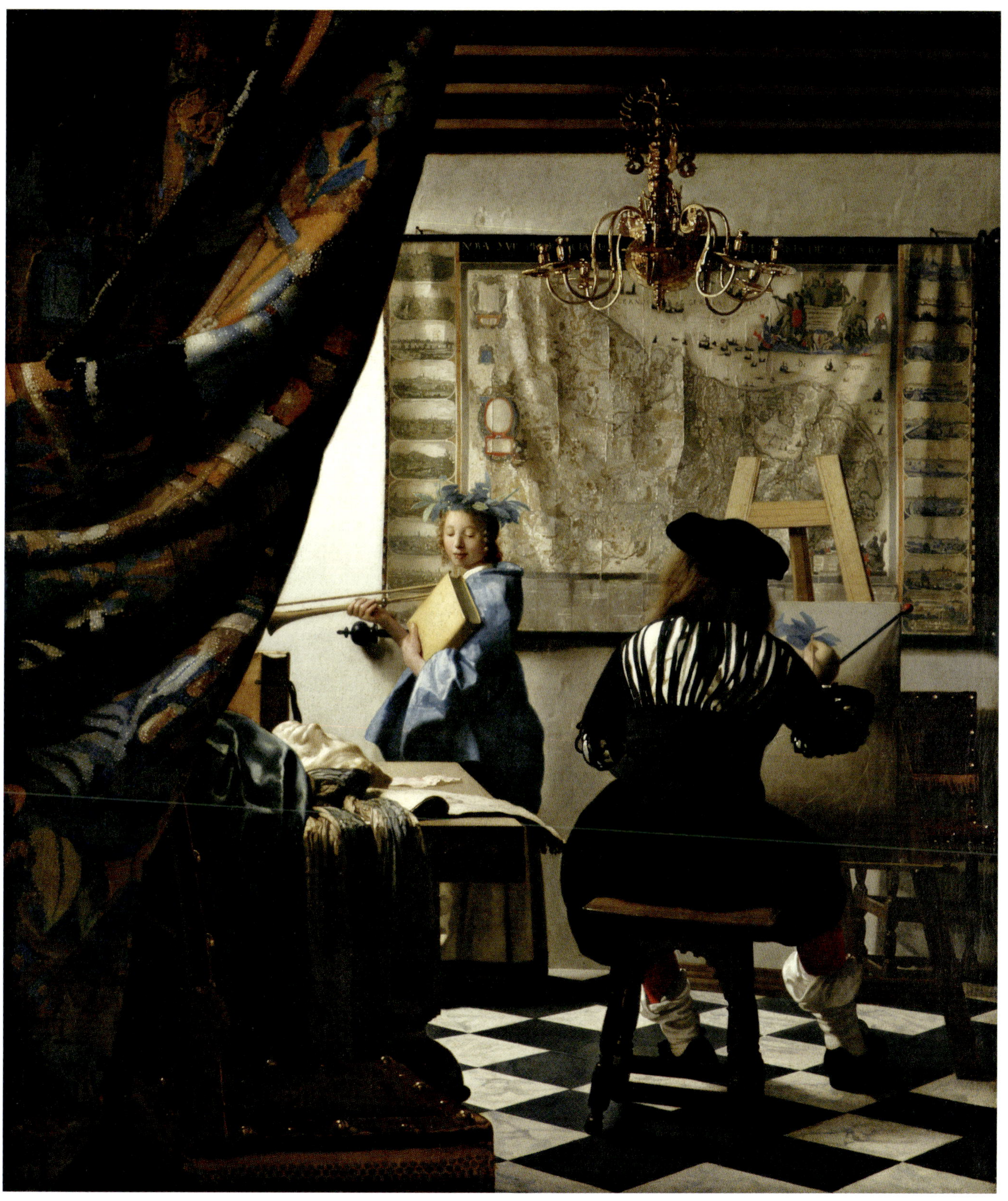

richteten sich nun alle Hoffnungen auf den jungen Statthalter Willem III., der den militärischen Oberbefehl übernahm und durch taktisch kluge Bündnispolitik erste Erfolge erzielen konnte.

Alles deutet darauf hin, dass Vermeers Bild in dieser geschichtlichen Anfangssituation des Niederländisch-Französischen Krieges (1672–1678) gemalt wurde (und nicht, wie oft datiert, in der Mitte der 1660er-Jahre). Ein weiteres Indiz für diese Hypothese ist der Kronleuchter mit dem habsburgischen Doppeladler (Abb. S. 84 oben), der nicht zufällig in Höhe des oberen Abschlusses der Wandkarte erscheint und auf ihr die Inschrift „OCEANUS GERMANICUS" überschneidet. Dort findet sich weiterhin (rechts) die Inschrift „GERMANIA INFERIOR", die alte lateinische Bezeichnung für die Niederlande. All diese Indizien, die eine positive Einstellung zum Deutschen Reich erkennen lassen, können nicht zufällig sein, denn sowohl das Doppeladler-Motiv als auch die Landkarte mit den 17 Provinzen kommen in der niederländischen Malerei des 17. Jahrhunderts kaum vor. Sie lassen also einen konkreten Anlass vermuten. Dieser konnte aber nur in dem von Willem III. gegen Frankreich mit dem habsburgischen Kaiser, Spanien und Lothringen am 30. August 1673 geschlossenen Bund gegeben sein. Die mit diesem Bündnis verbundenen Hoffnungen verdrängten im Bewusstsein der Bevölkerung die ohnehin schon kaum noch bestehenden Aversionen gegen die Habsburger, gegen deren Fremdherrschaft die Vorfahren ein Jahrhundert zuvor gekämpft hatten.

„Die Palette dieses eigenartigen Künstlers umschließt Blau, Zitronengelb, Perlgrau, Schwarz und Weiß … Es zu vereinen, ist bei ihm so kennzeichnend wie bei Velázquez die Harmonisierung von Schwarz, Weiß, Grau und Rosa."

VINCENT VAN GOGH, 1888

Visschers von Vermeer zitierte Landkarte beschwört noch einmal den alten „Burgundischen Reichskreis", in dem Willem I. von Oranien (1533–1584) eine wichtige politische Rolle gespielt hatte. Nicht vergessen war, dass er, bevor er – mehr durch die Verhältnisse gedrängt als aus politischer Überzeugung – zum Wortführer des Widerstandes wurde, ein bevorzugter Günstling Karls V. war, der ihn zum Statthalter von Holland, Zeeland, Utrecht und der Franche-Comté (Freigrafschaft Burgund) ernannt hatte. Die Freigrafschaft Burgund war im Niederländisch-Französischen Krieg lange Zeit hart umkämpft; Ludwig XIV. konnte sie erst im Frühjahr 1674 einnehmen. Auf dieses Gebiet spielt Vermeer in der burgundischen Kleidung des Malers an, die vom Anfang des 16. Jahrhunderts stammt.

Da das Bild mit Clio, der militärische Erfolge verklärenden Muse, eine siegesgewisse Stimmung vermitteln soll, kann es nur vor dem Verlust der Franche-Comté entstanden sein, als von niederländischer Seite aus noch Hoffnungen auf ihre Rettung bestanden. Es muss also im letzten Drittel des Jahres 1673 gemalt worden sein. Vermutlich hat Vermeer bei den Requisiten auf dem Tisch auf Willem I. angespielt, der 1576 in der Genter Pazifikation alle niederländischen Provinzen vereinigt hatte. Nicht auszuschließen ist eine Bezugnahme Vermeers auf das Prunkgrabmal des Oraniers in der Delfter Nieuwe Kerk, das Hendrick de Keyser geschaffen hatte (1623). Auch dort erscheint zu Füßen der in Marmor ausgeführten Skulptur des Toten auf der Grabtumba eine Fama mit einer Posaune. Die Maske auf dem Tisch des Atelier-Bildes, die ja auffallend individuelle Züge trägt, könnte angelehnt sein an den Kopf der Grabmalsfigur oder an eine Terrakotta-Maske Willems I. von Hendrick de Keyser, die der Prinsenhof in Delft bewahrt.

Gegenüber den älteren Interpretationen des Bildes, die es – aus einem Kunstverständnis des 20. Jahrhunderts heraus – auf eine Preisung der Malkunst oder eine Verherrlichung des künstlerischen Berufsstandes festlegen, muss doch stärker seine politische Bedeutungsdimension betont werden, als eine aktuelle Stellungnahme Vermeers im historischen Prozess.

Detail aus ***Die Malkunst*** (Abb. S. 85)

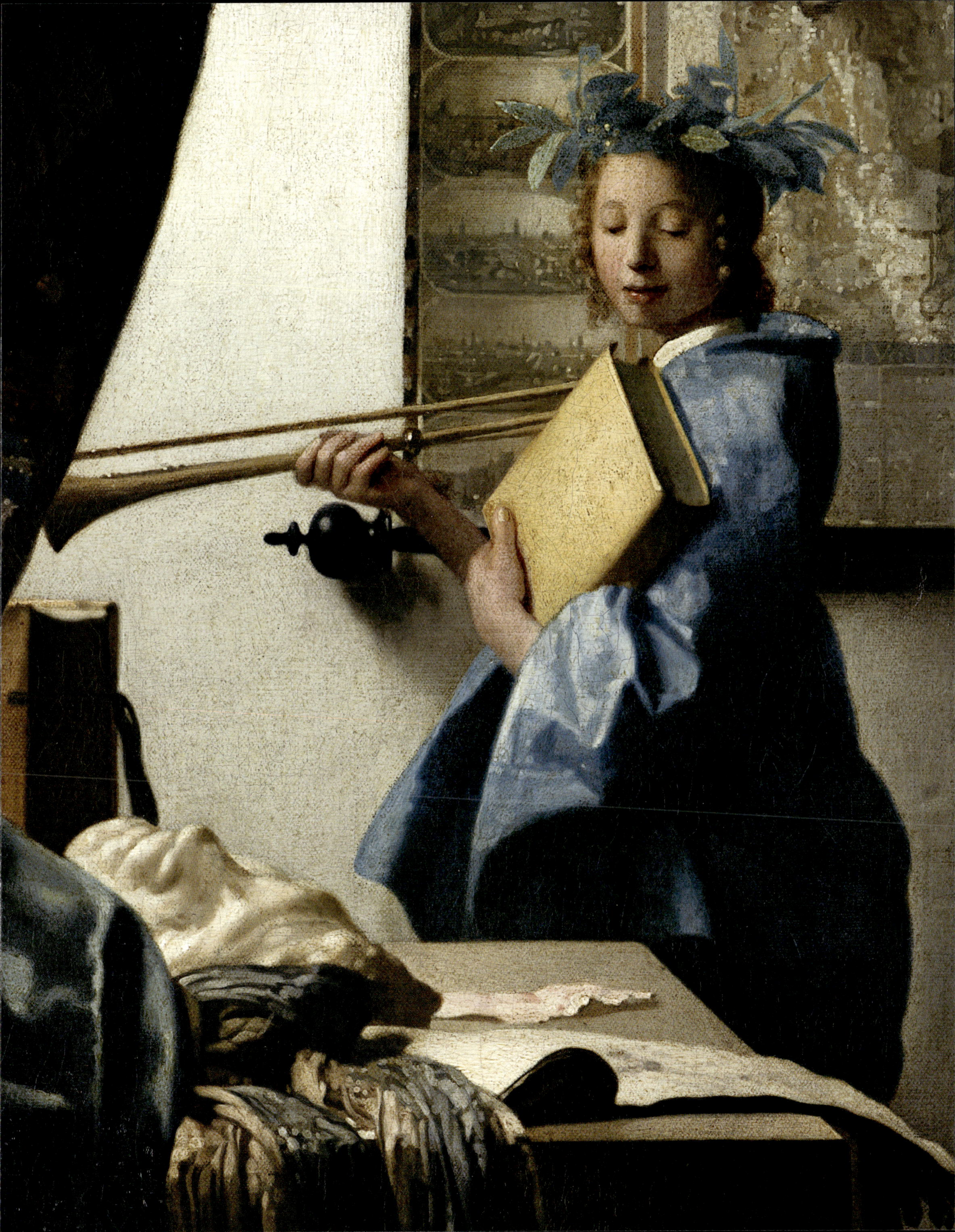

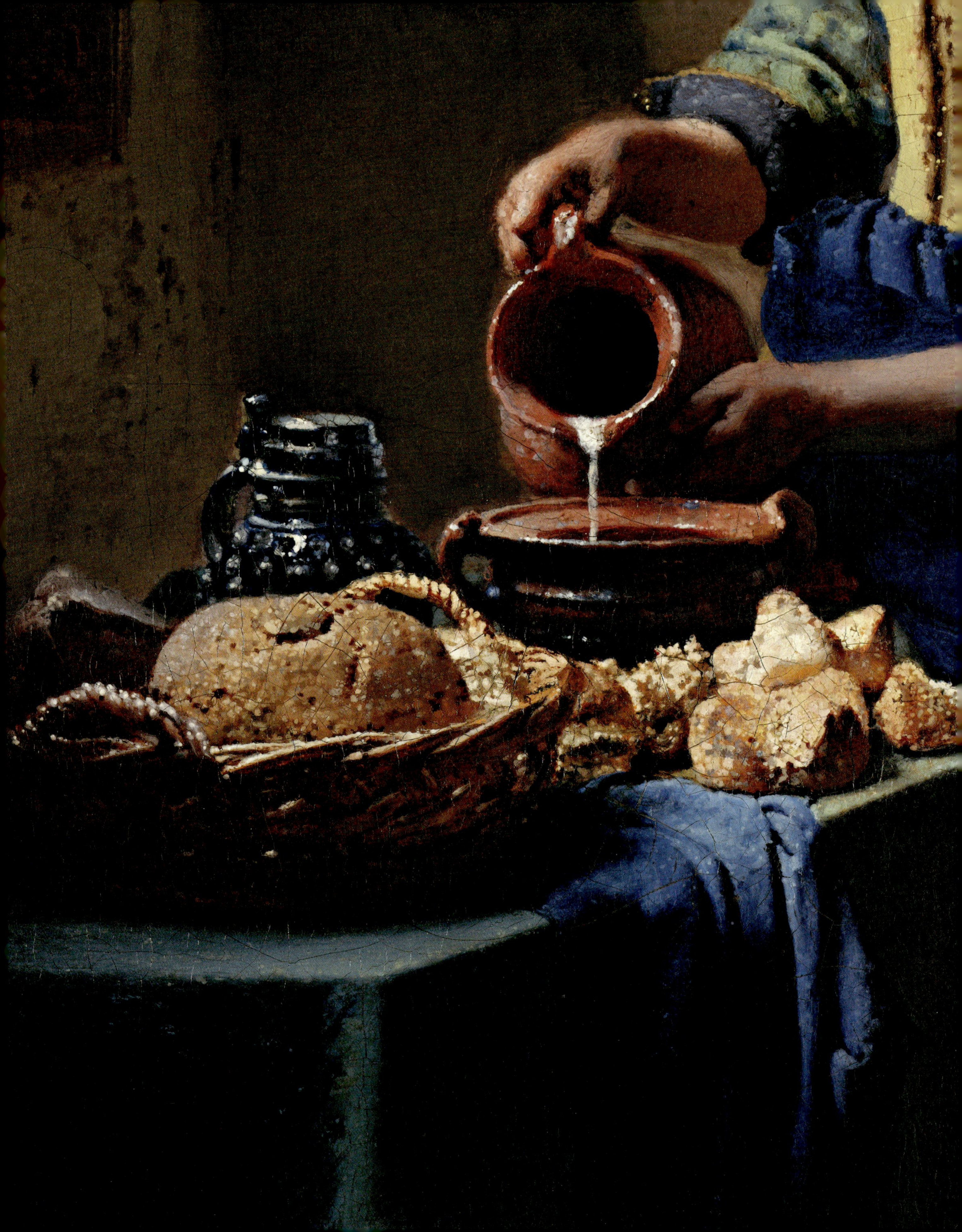

„Glücklich geratene Tupfen"

„Wie diese Porträts bei Rembrandt, bei Hals und diese Ansicht von Delft von Vermeer beschreiben, diese Meisterwerke, die sich dem Impressionismus so sehr nähern?"

CAMILLE PISSARRO, 1882

Zur Wiederentdeckung Vermeers durch die Impressionisten

Entgegen mancher Behauptung in der älteren Literatur über den Künstler ist Johannes Vermeer van Delft nie ganz der Vergessenheit anheimgefallen. Es gibt Zeugnisse aus dem 17. und 18. Jahrhundert, die ihn lobend erwähnen, aber die Resonanz ist, vergleicht man sie mit der anderer zeitgenössischer Künstler, in der Tat auffallend spärlich. Erst seit der Mitte des 19. Jahrhunderts setzte eine zunehmend enthusiastischer werdende Rezeption seiner Kunst ein. Es war nicht ganz zufällig, dass das wachsende Interesse für Vermeer mit dem Aufkommen der impressionistischen Bewegung einherging, mit deren programmatischer Abkehr von der dunkeltonigen akademischen Malweise und ihrer Hinwendung zu einer palettenreinen, hellen Pleinair-Malerei. Wegbereiter dieser neuen Sicht auf das Werk Vermeers war der französische sozialistische Politiker und Publizist Etienne-Joseph Théophile Thoré-Bürger (1807–1869).

Auf seinen Reisen durch England, Belgien, Holland und die Schweiz befasste sich Thoré-Bürger intensiv mit der niederländischen Malerei des 17. Jahrhunderts und ihrem dem Alltagsleben zugewandten „Realismus". Er fand dabei eine Entsprechung zu jenen ästhetischen Vorstellungen, wie sie in der Kunsttheorie von Jules Champfleury (1821–1889) oder Pierre-Joseph Proudhon (1809–1865) und in der Malerei der Schule von Barbizon und Gustave Courbets (1819–1877) proklamiert wurden.

Eine wesentliche Forderung der französischen Realisten war die Orientierung an der Gegenwart, an aktuellen sozialen, kulturellen und politischen Themen. Dieses Postulat wurde von den Impressionisten übernommen, die freilich auch in formaler Hinsicht einen radikalen Wandel anstrebten.

Farbe wird von den Impressionisten als eine Qualität der Lichtempfindung begriffen, deren Helligkeit, Tonalität und Sättigung von der Wellenlänge des Lichts (damals sagte man: der Ätherschwingungen) abhängt. Die Anwendung dieser naturwissenschaftlichen Theorie hatte für die Malerei zur Konsequenz, dass man Farbe nicht mehr als etwas den Dingen gleichsam wesentlich Anhaftendes begriff, sondern als eine der Veränderlichkeit der Lichtverhältnisse unterworfene Erscheinung, die zudem besonders an die Wahrnehmungsbedingungen des Betrachters gebunden ist.

Genau diese Theorie der Farbe als Lichtempfindung war es, die bei Thoré-Bürger den Sinn für die ästhetischen Besonderheiten Vermeers schärfte: „Bei

Detail aus ***Das Milchmädchen***
(Abb. S. 67)

Der alles überragende Illusionismus der Oberflächenwirkung beruht auf dem besonderen Schmelz der in winzigen Tupfen aufgetragenen Farbe, eine Technik, die schon Théophile Thoré-Bürger als „pointillé" bezeichnete und als charakteristisches Erkennungszeichen des Künstlers hervorhob.

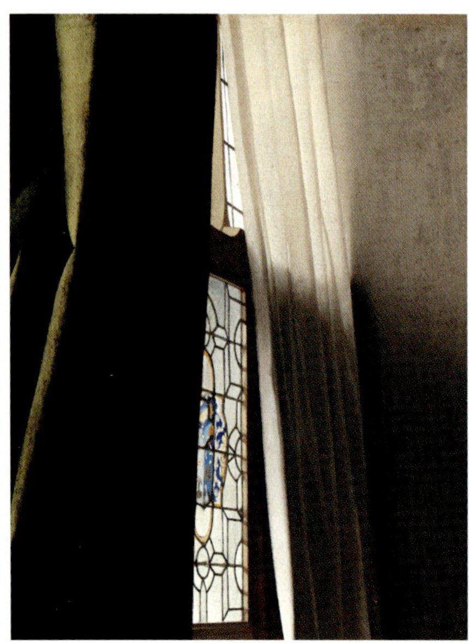

Detail aus ***Briefschreiberin und Dienstmagd*** (Abb. S. 58)

Die Komposition des Bildes wird von langen Konturen und geraden Linien, die große Formen bilden, beherrscht: dem schweren, glatt fallenden grünen Vorhang im Dunkeln, den parallelen Falten des weißen Fenstervorhangs und dem schmalen Wandstreifen daneben.

Vermeer ist das Licht niemals künstlich: es ist präzis und normal wie in der Natur, und so, wie es sich selbst ein skrupelhafter Physiker nicht genauer wünschen könnte (...)" Und an anderer Stelle heißt es bei ihm: „Dieser Genauigkeit des Lichts verdankt Vermeer auch die Harmonie seiner Farbgebung." Entsprechend dieser Aussage kann man feststellen: Thoré-Bürger entdeckte an Vermeer das „Moderne", etwas, was bei diesem Maler aufgrund der von ihm angewandten künstlerischen Methode über Rezeptionsmöglichkeiten seiner Zeit hinauswies, also ein Überschusspotenzial enthielt, das erst zwei Jahrhunderte später angemessen gewürdigt werden konnte.

Wir wissen heute, dass Vermeer bei den meisten seiner Bilder Gebrauch von der Camera obscura (Abb. S. 16) gemacht hat, und zwar in einer Weise, die die Konditionen dieses Mediums nicht verhehlt, sondern geradezu sichtbar macht, wie an den Randunschärfen und Lichtpunkten, dem berühmten „Pointillé", zu erkennen ist (vgl. Abb. S. 88). Die Bilder erhalten bei ihm auf diese Weise eine „abstrakte" Qualität, da sie nicht vorgeben, die Wirklichkeit so, wie sie ist, wiederzugeben, sondern so, wie man sie sieht, was unter Vermeers künstlerischen Arbeitsbedingungen heißt: in einer durch das Reproduktionsmedium gebrochenen Wahrnehmung. Man kann sagen, dass die „Camera obscura zu einer Quelle des Stils" wird.

Diese geheime Abstraktionstendenz in der Bildgestaltung Vermeers war es, die seinen Ruhm seit dem letzten Drittel des 19. Jahrhunderts wachsen ließ, sodass man ihn heute neben Rembrandt und Frans Hals (1580/85–1666) – auch dieser ein Wahlverwandter der Impressionisten – als den dritten großen Repräsentanten der niederländischen Malerei des sogenannten Goldenen Zeitalters zu sehen pflegt.

Schon bei Vincent van Gogh (1853–1890), der sich intensiv mit Eugène Delacroix' Farbentheorie und wie die Neoimpressionisten mit Problemen des Simultan- und Komplementärkontrasts befasste, findet man (in einem Brief an Emile Bernard von 1888) begeisterte Äußerungen über die Farbharmonien Vermeers: „Die Palette dieses eigenartigen Künstlers umschließt Blau, Zitronengelb, Perlgrau, Schwarz und Weiß (...) Es zu vereinen, ist bei ihm so kennzeichnend wie bei Velázquez die Harmonisierung von Schwarz, Weiß, Grau und Rosa." Der französische Kunsthistoriker Henri Havard bemerkt 1883, dass mehrere von Vermeer gemalte Gestalten lediglich „als glücklich geratene Tupfen" erscheinen: „Wenn sie überhaupt einen wichtigen Anteil in der harmonischen Symphonie haben, ist es dank dem Flecken, den sie bilden, und nicht dank dem Gedanken, den sie ausdrücken."

Nicht nur in der bildenden Kunst, sondern auch in der Literatur der klassischen Moderne finden sich Reflexe einer bewundernden Rezeption Vermeers. Die berühmteste Reverenz enthält wohl Marcel Prousts Roman *Auf der Suche nach der verlorenen Zeit* (erschienen posthum 1923), und zwar Teil V, „Die Gefangene" („La prisonnière"), in dem der Tod des Schriftstellers Bergotte beschrieben wird, dem ein Kritiker kurz zuvor mitgeteilt hatte, dass er Vermeers vom Mauritshuis in Den Haag für eine Ausstellung leihweise zur Verfügung gestellte *Ansicht von Delft* (Abb. S. 16/17) sehen könne. „Endlich stand er vor dem Vermeer, den er strahlender in Erinnerung hatte, noch verschiedener von allem, was er sonst kannte, auf dem er aber dank dem Artikel des Kritikers zum ersten Mal kleine blaugekleidete Figürchen erkannte, ferner feststellte, dass der Sand rosig gefärbt war, und endlich auch die kostbare Materie des ganz kleinen gelben Mauerstücks entdeckte. Das Schwindelgefühl nahm zu; er heftete seine Blicke – wie ein Kind auf einen gelben Schmetterling, den es gern festhalten möchte – auf die kostbare kleine Mauerecke. ‚So hätte ich schreiben sollen', sagte er sich. ‚Meine letzten Bücher sind zu trocken, ich hätte mehr Farbe daran wenden, meine Sprache in sich selbst so kostbar machen sollen, wie diese kleine gelbe Mauerecke es ist' (…)" Sie wird für ihn im Angesicht des Todes zum Inbegriff der Kunst überhaupt: „(…) die gelbe Mauerecke, welche mit so viel Können und letzter Verfeinerung ein auf alle Zeiten unbekannter und nur notdürftig unter dem Namen Vermeer identifizierter Maler einmal geschaffen hat."

Die Reihe der Zitate ließe sich fortsetzen. Künstler und Kunsttheoretiker nahezu aller avantgardistischen Kunstrichtungen haben Vermeer wegen seines Gefühls für die Echtheit der Tonwerte und seiner alles Überflüssige meidenden Kompositionsprinzipien gepriesen. Hatte Paul Cézanne (1839–1906) mit seiner Forderung, der Künstler solle sich vor der Neigung zum Literarischen hüten, ein mehr der Formfrage zugewandtes Programm der Avantgarde formuliert, so konnte es nicht verwunderlich sein, dass man im Lichte dieser Auffassung gerade an Vermeer einen Verzicht auf alles Anekdotische und Erzählerische meinte feststellen zu können.

Besonders André Malraux (1901–1976) hat betont, dass bei Vermeer die „Mythe der Handlung" gänzlich entfalle und „zum ersten Mal in der Geschichte der Kunst (...) der Vorwurf des Bildes zum Gegenstand der Vision" werde.[16]

Bildästhetik als Spiegel der Kultur

Vermeer ist – das haben seine Wiederentdecker seit dem späten 19. Jahrhundert richtig gesehen – in seinen Gestaltungsprinzipien ein stiller Neuerer gewesen. Seine Vorliebe für wohlausgewogene Flächendispositionen, sein Verfahren, komplexe Strukturen auf wenige Elemente zu reduzieren (wobei die Geometrie eine wichtige kompositionelle Rolle spielt), seine Art der Lichtbehandlung, bei der fast schon Pleinair-Wirkungen erreicht werden und die Schatten nicht mehr in Graustufungen, sondern in farbigem Schimmer erscheinen, überhaupt seine Weise des Farbauftrags, die sich erheblich von der in den Niederlanden damals weit verbreiteten porzellanhaft-glatten „Feinmalerei" unterscheidet – alles das kennzeichnet eine ästhetische Qualität, die schon zu seiner Zeit singulär war.

Beschreibt man sein Werk jedoch nur in solchen Begriffen, gerät man leicht in die Gefahr, dessen konkret gegenständliche Seite zu übersehen. Das Sujet oder Motiv ist bei Vermeer keineswegs von zweitrangiger Bedeutung. Denn schaut man näher hin, so ist es gerade die einen sozialen und kulturellen Sinnzusammenhang stiftende Art und Weise der Inszenierung von Personen, Dingen und Räumen, die erst jene Formcharaktere hervorbringt. Ein wesentliches Merkmal ist dabei die starke Individualisierung und Isolierung der Figuren, die in vielen Fällen bei ihrem alltäglichen Tun – beim Brieflesen oder Eingießen der Milch – gezeigt werden. Sie entbehren jeglicher Hektik, Anspannung oder Aufgeregtheit, wie sie für Handlungen auf nicht wenigen anderen niederländischen Genrebildern dieser Zeit charakteristisch ist. Der Gesichtsausdruck bei Vermeers Figuren kennt keine Verzerrungen, keine affektbedingten Grimassen. Die Personen, vorwiegend Frauen, erscheinen fast leidenschaftslos, freilich nicht im Sinne von Gefühlsarmut oder Unempfindlichkeit, sondern mehr im Sinne einer Verhüllung ihrer Emotionen, die nicht mitteilsam dem Betrachter aufgedrängt werden sollen.

Wie kaum ein anderer Künstler seiner Zeit löst Vermeer mit visuellen Mitteln das Programm der Moralistik ein, das Denker wie Gracián oder Montaigne formuliert hatten. Auch ihm geht es um die Abgrenzung der Individuen voneinander, um die Verweigerung einer Kundgabe seelischer Vorgänge und um die

Aufrichtung kommunikativer Schranken. Fast ist es schon symbolisch zu nennen, dass bei ihm so häufig im Vordergrund seiner Interieurbilder die Barriere eines teppichbelegten Tisches erscheint: formal „nur" ein Requisit, leistet dieses Möbel inhaltlich eine solche Grenzziehung und Distanzierung, vor allem hin zum Betrachter.

Das rhetorische Moment tritt in Vermeers Werk stark zurück, ohne jedoch ganz zu verschwinden. Vielmehr verwandelt es sich häufig in eine kaum merkliche Ironie. Anschaulich wird das im diskursschaffenden Spiel der Beziehung von handlungstragender Figur und Bildzitat: Auf vielen Gemälden erscheinen an den Rückwänden der Zimmer Bilder, die den Akteuren erkennbar semantisch zugeordnet sind. Vermeer setzt diese Formen des Wandschmucks wiederholt als „Clavis interpretandi" ein, als Schlüssel zum Verständnis der Bildidee. Man sieht, dass er bei der Bildkonzeption dialektisch vorgeht. Verhüllt er den Bildsinn zunächst bis zur scheinbaren Indifferenz, so bietet er doch diskret und unaufdringlich Erkenntnishilfen an, die vom Betrachter aber nur aufgegriffen werden können, wenn er über ein gelehrtes Wissen verfügt und die Anspielungen versteht.

Vermeer hat sich sehr oft von Sentenzen und moralischen Leitsätzen anregen lassen, wie sie in illustrierter Form in der damals massenhaft verbreiteten Emblemliteratur unter das Volk gebracht wurden. Im 16. Jahrhundert, zur Zeit ihres Aufkommens, waren die Embleme schwerverständliche, von Humanisten ausgeklügelte Sinnbilder, die geheimnisvoll auf eine tiefere Bedeutung hinter den Dingen verweisen sollten. In den Niederlanden des 17. Jahrhunderts hatte sich ihr Charakter schon nachhaltig gewandelt: Sie wurden zunehmend leichter nachvollziehbar, und ihre volkspädagogische Funktion trat unübersehbar zutage. Sie sollten eine neue Moral begründen und durchsetzen helfen und im Sinne der im Aufbau begriffenen bürgerlichen Sozialordnung das Verhalten der Individuen formen.

In der frühen Neuzeit kam der Familie eine zentrale Rolle zu. Viele grundlegende Arbeitsprozesse der Gesellschaft fanden hier statt. Da aber auch schon im Rahmen einer sich anbahnenden größeren Arbeitsteilung viele männliche Tätigkeiten in außerhäusliche Bereiche verlagert wurden, wuchs den Frauen, denen der Haushalt anvertraut war, ein immens großer Aufgabenbereich mit Verantwortlichkeiten zu, an die sie von der Obrigkeit und den volkspädagogischen Autoren unermüdlich erinnert wurden.

Die meisten Bilder Vermeers thematisieren diese Obliegenheiten, aber sie veranschaulichen auch, welche inneren Konflikte die Pflichten und Tugendgebote bei den Frauen hervorrufen, in welchem Gegensatz sie zu deren libidinösen Ansprüchen stehen, die nicht mehr offen artikuliert werden dürfen. Vermeers Methode der Sinnverschlüsselung, mit der auf seinen Bildern der Eindruck von Diskretion und Reserviertheit der Figuren einhergeht, ist man nur als ästhetisches Phänomen zu sehen geneigt. Vielleicht ist sie aber schon ein Reflex dieses kulturellen Vorgangs eines sich den sozialen Normen und Forderungen sperrenden Verhaltens der von ihm dargestellten Personen, die gezwungen sind, sich zu isolieren und sich scheu in die Verschwiegenheit zurückzuziehen.

Detail aus ***Die Spitzenklöpplerin*** (Abb. S. 4)

Besonders eindrucksvoll erscheinen bei der *Spitzenklöpplerin* im Vordergrund die abstrakten Formen aus bunten Farbflecken, die aus dem Nähkissen quellende weiße und rote Fäden auf einem Tischteppich bilden. Erst durch nähere Kenntnis des Dargestellten entwirrt sich dieses Farb- und Formgefüge.

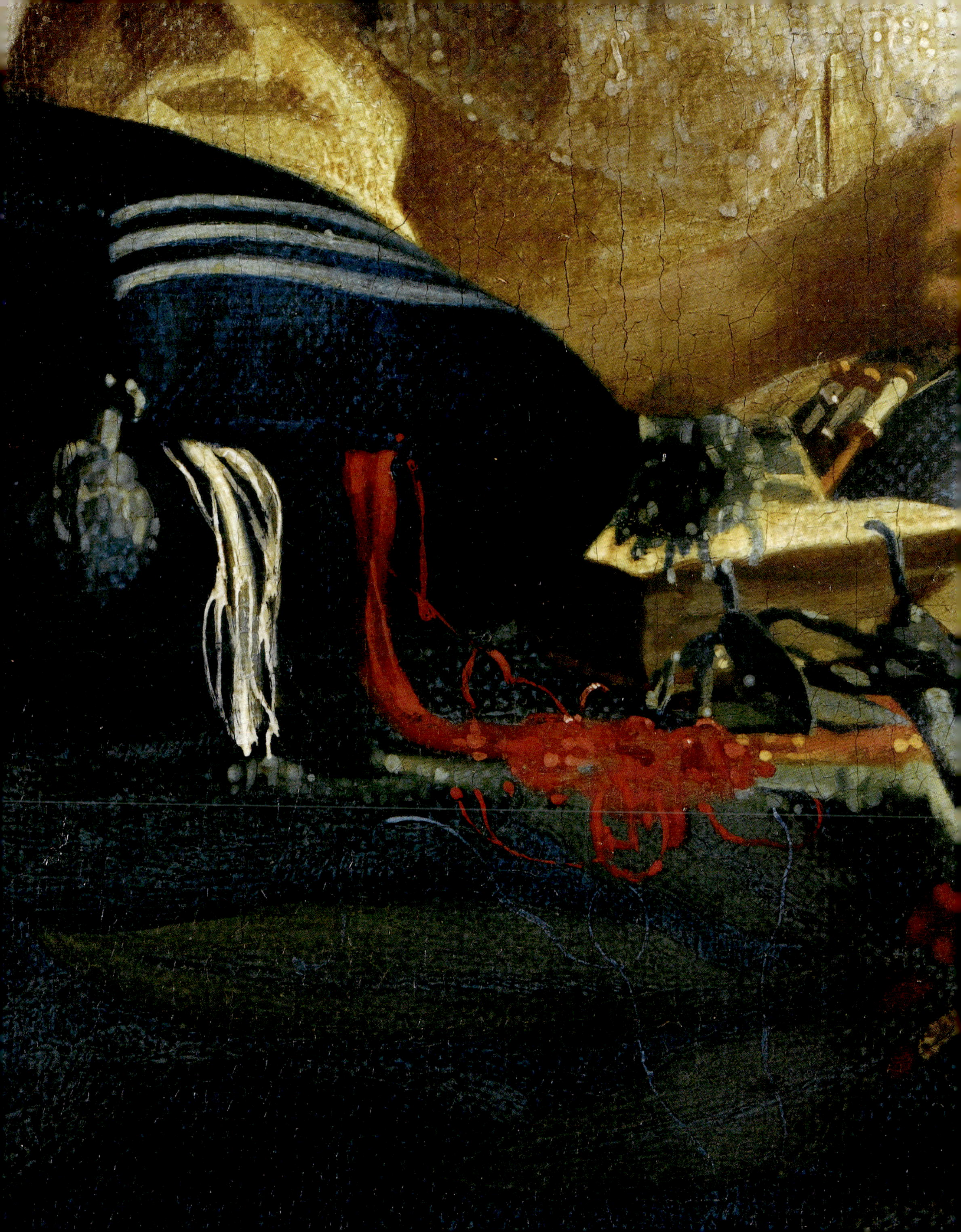

I.Ver-Meer
MDCLXVIIII

Johannes Vermeer
1632–1675
Leben und Werk

1615 Heirat der Eltern Vermeers, Reynier Janszoon Vos (von Beruf ursprünglich Seidenweber) und Digna (oder Dymphna) Baltens, in Amsterdam. Sie lassen sich kurze Zeit später in Delft nieder, wo Reynier zunächst den Gasthof „De fliegende Vos" führt, später auf dem Marktplatz das Gasthaus „Mechelen" erwirbt (1641).

1622 Geburt Carel Fabritius' (1622–1654) in Miden-Beemster.

1626 Geburt Jan Steens (1626–1679) in Leiden.

1631 Reynier Jansz. Vos wird in die St. Lukasgilde von Delft aufgenommen. Er eröffnet einen Kunsthandel.

1632 Geburt Johannes Vermeers als zweites Kind von Reynier Jansz. Vos und Digna Baltens (erstes Kind ist eine Tochter). Geburt Antoni van Leeuwenhoeks (1632–1732), des späteren Nachlassverwalters Vermeers, in Delft.

1648 Der Westfälischer Friede in Münster und Osnabrück beendet den Dreißigjährigen Krieg.

1650 Geburt Willems III. von Oranien.

1652 Vermeers Vater stirbt. Carel Fabritius wird Mitglied der St. Lukasgilde in Delft.

1652–54 Erster Seekrieg der Niederlande mit England.

1653 Vermeer heiratet Catharina Bolnes, die Tochter von Maria Thins. Trauzeuge ist der Maler Leonaert Bramer (1596–1674). Am 29. Dezember lässt er sich als selbstständiger Meister in die St. Lukasgilde einschreiben.

1654 Explosion des Delfter Pulvermagazins (12. Oktober), bei dem Carel Fabritius ums Leben kommt.

1656 Erstes datiertes Werk Vermeers (*Bei der Kupplerin*; heute Dresden, Gemäldegalerie Alte Meister).

1657 Vermeer nimmt einen Kredit von 200 Gulden auf.

Detail aus ***Der Geograph*** (Abb. S. 76)

1662 Vermeer wird zum Vorsteher („Hooftman") der St. Lukasgilde ernannt.

1663 Vermeer besucht das Mitglied des französischen Kronrats Balthasar de Monconys, ein Kunstliebhaber und Alchimist, der über diese Begegnung mit Vermeer in seinem Tagebuch berichtet.

1665–67 Zweiter Seekrieg mit England.

1667 Ludwig XIV. besetzt die spanischen Niederlande. Tripelallianz der Niederlande mit England und Schweden, die Ludwig XIV. zum weitgehenden Verzicht seiner Eroberungen zwingt. Dirck van Bleyswyck erwähnt Vermeer in seiner *Beschreibung von Delft* (*Beschrijvinge der Stadt Delft*).

1668 Zweites datiertes Werk Vermeers (*Der Astronom*; heute Paris, Musée du Louvre).

1669 Drittes datiertes Werk Vermeers (*Der Geograph*; heute Frankfurt am Main, Städel Museum).

1670/71 Erneute Wahl Vermeers zum Vorsteher der St. Lukasgilde.

1670 Tod der Mutter Vermeers, der die elterliche Schenke „Mechelen" erbt.

1672 Ludwig XIV. fällt vom Niederrhein aus mit 100 000 Mann in die Niederlande ein. Die Niederlande können sich gegen die vorrückenden Truppen nur durch Öffnung ihrer Deiche retten. Vermeer verpachtet das „Mechelen" für 180 Gulden jährlich. Reise Vermeers nach Den Haag, wo er zusammen mit Johannes Jordaens italienische Bilder für den Kurfürsten von Brandenburg auf ihren Wert beurteilt.

1675 Reise Vermeers nach Amsterdam, wo er ein Darlehen von 100 Gulden aufnimmt. Tod Johannes Vermeers am 13. od. 14. Dezember. Die Beisetzung findet am 15. Dezember in der Oude Kerk zu Delft statt. Er hinterlässt elf minderjährige Kinder, von denen acht noch zu Hause leben. Vermeer war zu diesem Zeitpunkt hoch verschuldet. Seine Witwe sieht sich gezwungen, Bankrott zu erklären. Konkursverwalter wird Antoni van Leeuwenhoek (Vermerk in den Delfter Annalen vom 30. September 1676).

1688 Vermeers Witwe Catharina Bolnes stirbt.

Anmerkungen

1 Zur Biografie Vermeers vgl. die Ergebnisse archivalischer Forschungen von J. M. Montias: *Vermeer and his Milieu*, Princeton 1989.

2 Zu den Bilderpreisen vgl. J. M. Montias: *Artists and Artisans in Delft*, Princeton 1982, S. 196 f., und P. C. Sutton, in: Kat. *Masters of 17th Century Dutch Landscape Painting*, Amsterdam 1987.

3 J. Nash: *Vermeer*, London 1991, S. 46.

4 Vgl. Jan Baptista van Helmonts (1577–1644) medizinische Traktate *Ortus medicinae* (Amsterdam 1648; 2, 1652) und *Opuscula medica inaudita* (Köln 1644).

5 Kat. *Sprache der Bilder*, Braunschweig 1978, S. 117.

6 Ist die Frau wirklich schwanger, wie in der älteren Vermeer-Literatur immer wieder behauptet wurde? Denkbar ist, dass sie einen krinolinenähnlichen Reifrock trägt. Diese glockenartige Kleidung war damals allgemeine Mode, wie das Kleid eines Mädchens auf dem Bild von Johannes Verspronck von 1641 (Amsterdam, Rijksmuseum) bezeugt. Die Reifröcke wurden „Tugendwardeine" bzw. „vertugalles" oder „vertugadins" genannt.

7 Vgl. A. Henkel/A. Schöne (Hg.): *Emblemata*, Stuttgart 1967, Sp. 1292.

8 P. Chaunu: *Europäische Kultur im Zeitalter des Barock*, München/Zürich 1968, S. 259. – Vgl. auch J.-L. Flandrin: *Familien. Soziologie – Ökonomie – Sexualität*, Frankfurt am Main 1978.

9 Vgl. als wichtigen Quellentext: Peter Müller: *Dissertatio Juridica de litteris amatoriis quam praeside Petro Müllero (...) 1679 publicè ventilandam exhibet Bernhard Pfretzschner*, Gera/Jena 1690 (mit häufiger Berufung auf die Ehetraktat-Literatur, z. B. von J. L. Vives, D. Covarrubias y Leyva, ferner auf Embleme, denen eindeutig rechtsbegründender Charakter eingeräumt wurde).

10 In frühneuzeitlichen Haushalten gab es eine Differenzierung des Gesindes nach Zuständigkeiten und Funktionen. Gegenüber den Viehmägden, deren Tätigkeitsbereich im Stall und außerhalb des Hauses lag, waren die Verrichtungen der Milchmägde auf den innerhäuslichen Bereich beschränkt. Sie hatten das überaus komplexe „Milchwesen" zu versorgen (Herstellung von Quark, Butter, Käse, Reinigung der dafür notwendigen Gefäße, des Milchgeschirrs, der Seihtücher, Reinhaltung der Milchkammer vor Ungeziefer, z. B. durch Ausräucherung mit Myrrhe,

Weihrauch, Johanniskraut, Feldhopfen usw.). Angesichts der großen Bedeutung dieses Bereichs wird die fast religiöse Wertschätzung der Milch verständlich.

11 Vgl. E. de Jongh: „Pearls of virtue and pearls of vice", in: *Simiolus* 8, 1975/76, S. 77 (Übersetzung des Verf.).
12 Vgl. J. A. Welu: „Vermeer: His Cartographic Sources", in: *The Art Bulletin* LVII, 1975, S. 529–547.
13 Sebastian Brant: *Das Narrenschiff*, hg. v. C. Traeger, Frankfurt am Main 1980, S. 187 ff.
14 Vgl. J. A. Welu: „Vermeer's Astronomer: Observations on an open book", in: *The Art Bulletin* LXVIII, No. 2, June 1986, S. 263–267.
15 Vgl. A. Wheelock jr.: *Jan Vermeer*, New York 1988, S. 118; Nash (wie Anm. 3), S. 108.
16 Die Zitate von Thoré-Bürger, Harvard und Malraux wurden übernommen von: G. Aillaud et al. *Vermeer*, Genf 1987, S. 209 ff. (Würdigungen), und I. Schlégl/P. Bianconi: *Das Gesamtwerk von Vermeer*. Luzern/Freudenstadt/Wien 1967, S. 10 ff. Die Zitate von Proust wurden übernommen aus: *A la recherche du temps perdu*, Vol. V: La prisonnière. Cf. auch Yann le Pichon (avec la collaboration de Anne Borrel): *Le musée retrouvé de Marcel Proust*. Paris 1990. S. 84–86. Zu Thoré-Bürger vgl. A. Blankert: *Vermeer of Delft*, Oxford, 1978, S. 67 ff. Zu camera obscura vgl. S. Alpers: *Kunst als Beschreibung*, Köln 1985, S. 87.

Fotonachweis

Der Verlag dankt den Archiven, Museen, Privatsammlungen, Galerien und Fotografen für ihre freundliche Unterstützung bei der Realisierung des Buches und die Überlassung der Bildvorlagen. Falls nicht anders erwähnt, stammen die Reproduktionsvorlagen aus dem Archiv des Verlages. Neben den in den Bildlegenden genannten Institutionen und Sammlungen seien hier besonders erwähnt:

Agenzia Fotografica Scala, Antella, Florenz: S. 22 unten, 78
bpk | Gemäldegalerie | SMB, Berlin: S. 20 oben, 62 (Jörg P. Anders), 34/35, 59, 63 (Volker Schneider)
bpk | The Metropolitan Museum of Art, New York: S. 24, 27, 33 unten links, 33 unten rechts, 45, 68, 69, 72, 80, 83
bpk | Staatliche Kunstsammlungen Dresden: S. 8 oben (Elke Estel, Hans-Peter Klut), 23 (Herbert Boswank), 48, 51 (Wolfgang Kreische)
© Bridgeman Art Library, Berlin/London: S. 30, 40
© The Frick Collection, New York: S. 32, 38/39, 55
Hessen Kassel Heritage, Gemäldegalerie Alte Meister: S. 74
Herzog Anton Ulrich-Museum, Braunschweig, Kunstmuseum des Landes Niedersachsen (Claus Cordes): S. 28, 31
© Koninklijk Kabinet van Schilderijen Mauritshuis, Den Haag: Umschlagvorderseite, S. 21, 49, 70
Koninklijke Bibliotheek, Den Haag: S. 36, 81
Kunsthistorisches Museum, Wien: S. 2, 33 oben links, 85, 87, Umschlagrückseite
© Musée du Louvre, Dist. RMN-Grand Palais, Paris (Georges Poncet): S. 25
© National Galleries of Scotland, Edinburgh: S. 18
© National Gallery, London: S. 13, 26, 37, 42, 43, 46, 71
© National Gallery of Art, Washington: S. 14, 54, 56/57, 61, 73, 75
© National Gallery of Ireland, Dublin: S. 58, 90
Österreichische Nationalbibliothek, Wien: S. 16
Rijksmuseum, Amsterdam: S. 6, 9, 12, 15, 33 oben rechts, 50, 52, 60, 67, 88
© Photo RMN-Grand Palais, Paris: S. 4, 64, 93 (Gérard Blot), 19 (René-Gabriel Ojéda), 20 unten (Mathieu Rabeau)
Gordon H. Robertson: S. 47
Royal Collection Trust / © His Majesty King Charles III 2022, London: S. 29, 47
© Städel Museum (U. Edelmann), Frankfurt a. M. – Artothek, Weilheim: S. 76, 94
Stedelijke Musea, Mecheln: S. 84 oben
© Margareta Svensson, Amsterdam: S. 11, 16/17

Der Autor

Norbert Schneider (1945–2019) war Professor für Kunstgeschichte an der Universität Karlsruhe. Zu seinen Arbeitsgebieten zählten die Kunstgeschichte des Mittelalters und der Frühen Neuzeit – hier besonders die Geschichte der Malereigattungen –, die kunstwissenschaftliche Methodologie und Probleme der Philosophiegeschichte. Er war Autor zahlreicher Buchpublikationen. Bei TASCHEN sind von ihm *Porträtmalerei*, *Stillleben* und *Vermeer* erschienen.

UMSCHLAGVORDERSEITE
Das Mädchen mit dem Perlenohrring, um 1665–67
Öl auf Leinwand, 45,5 x 39 cm
Den Haag, Koninklijk Kabinet van Schilderijen Mauritshuis

UMSCHLAGRÜCKSEITE UND SEITE 2
Die Malkunst, um 1673
Öl auf Leinwand, 120 x 100 cm
Wien, Kunsthistorisches Museum, Gemäldegalerie

SEITE 4
Die Spitzenklöpplerin, um 1669/70
Öl auf Leinwand, auf eine Holztafel geklebt, 23,9 x 20,5 cm
Paris, Musée du Louvre

Impressum

EIN BAUM FÜR JEDES BUCH VON TASCHEN!
Unseren jährlichen Ausstoß an Kohlenstoffdioxid kompensieren wir mit Emissionszertifikaten des Instituto Terra, einem Regenwaldaufforstungsprogramm im brasilianischen Minas Gerais, gegründet von Lélia und Sebastião Salgado. Mehr über diese ökologische Partnerschaft erfahren Sie unter: www.taschen.com/institutoterra.
Inspiration: grenzenlos.
CO2-Bilanz: (fast) null.

Lust auf mehr? Auf *taschen.com* finden Sie alle aktuellen Titel, können durch unser neuestes Magazin blättern und unseren Newsletter abonnieren.

Hohenzollernring 53, D–50672 Köln
www.taschen.com

Originalausgabe:

Printed in Bosnia-Herzegovina
ISBN 978-3-8365-0467-6